企业融资

实战手册

全方位描绘融资路线图

田 果 王世权 张志伟◎著

电子工业出版社.

Publishing House of Electronics Industry

北京·BEIJING

内 容 简 介

随着科技变革与投资实践的不断发展，"资本+科技"时代已经悄然来临。资本的流动性越来越强，有融资需求的企业不断增多，融资已经从量变进入质变的阶段。创业者既要夯实拓展业务的基本功，又要积极学习融资方法和技巧，创新自己的资本体系和发展路径，尽快跟上时代潮流，将融资付诸实践。

本书分基础篇和进阶篇。基础篇介绍了融资全流程，循序渐进地展现了与融资相关的知识、方法、技巧；进阶篇帮助企业修炼高级融资能力，让创业者学会从投资者的角度看问题，更好地维护创投关系，在规避风险的同时进行融资模式升级与融资战略创新。

此外，本书中的融资方法和实操经验也可供读者参考。本书面向的群体广泛，不仅适合创业者阅读，还适合企业家、管理人员、有融资需求的群体及广大职场人士阅读。

图书在版编目（CIP）数据

企业融资实战手册：全方位描绘融资路线图 / 田果，王世权，张志伟著. —北京：电子工业出版社，2023.11
ISBN 978-7-121-46366-2

Ⅰ. ①企… Ⅱ. ①田… ②王… ③张… Ⅲ. ①企业融资 Ⅳ. ①F275.1

中国国家版本馆 CIP 数据核字（2023）第 175479 号

责任编辑：王小聪
印　　刷：三河市鑫金马印装有限公司
装　　订：三河市鑫金马印装有限公司
出版发行：电子工业出版社
　　　　　北京市海淀区万寿路 173 信箱　　　　　邮编：100036
开　　本：720×1000　　1/16　　印张：14.5　　字数：230 千字
版　　次：2023 年 11 月第 1 版
印　　次：2023 年 11 月第 1 次印刷
定　　价：69.00 元

凡所购买电子工业出版社图书有缺损问题，请向购买书店调换。若书店售缺，请与本社发行部联系，联系及邮购电话：（010）88254888，88258888。
质量投诉请发邮件至 zlts@phei.com.cn，盗版侵权举报请发邮件至 dbqq@phei.com.cn。
本书咨询联系方式：（010）57565890，meidipub@phei.com.cn。

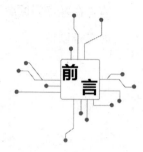

前言

　　创业的终极目标是为社会提供价值，并使股东收益最大化，而筹集足够多的资金能够在一定程度上帮助创业者实现这个目标。身处现代社会，资金已经成为企业组织和从事经营活动的基础，也是一切财务活动的起点。毫不夸张地说，资金正以前所未有的力量，在激烈的市场竞争中发挥举足轻重的作用，因此创业者必须重视资金运营。

　　然而，并非所有人都具备为企业筹集资金的能力。融资是一门很深的学问，创业者只有深刻理解这门学问，才有希望以更自信的状态走向成功。

　　本书从融资全流程入手，详细、深入地剖析了融资过程中可能出现的问题，并给出相应的解决方案。通过阅读本书，读者可以掌握与融资相关的知识，如风险投资的价值与操作、尽职调查、股权分配、融资术语、创投关系认知与维护技巧、融资中的误区与陷阱、融资模式升级与融资战略创新等，从而增强自己的融资能力。

　　本书以融资为核心，凝聚了笔者多年来对融资研究和思考的心血。本书是一本实用型工具书，通俗易懂、生动有趣，避免了枯燥无味的原理性说教，以"知识+案例"的方式为读者提供专业的融资实操指导。读者可以在了解融资理论的基础上，通过一些巨头企业和知名人士的融资经历学习实用的融资技巧。

如果你有融资想法或者正在准备融资，那么不妨静下心来，利用一部分时间系统、详细地阅读本书，也许本书可以帮助你解决很多问题，让你少走弯路。

笔者在融资领域潜心钻研，但知识无涯，若书中尚有可补实之处，则恳请广大读者予以指正。

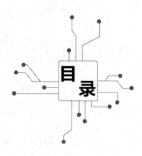

目录

基础篇　掌握融资全流程

进阶篇　修炼高级融资能力

基础篇
掌握融资全流程

第1章

从0到1部署融资战略

资金是企业生存与发展的重要因素。企业的资金充裕而稳定，有助于产品迭代、人才留存、品牌建设等。鉴于资金的重要性，融资便成为企业发展过程中的重要内容，但融资道路上往往充满荆棘，很多企业都因融资失败而被淹没在竞争的洪流中。创业者要想打赢融资战役，就必须从大局入手，从0到1部署融资战略。

1.1 从0开始，为融资做准备

很多人都听说过这样一句话："机会是留给有准备的人的。"这句话同样适用于需要融资的创业者。创业者只有对融资有足够的了解，从0开始积极为融资做准备，才能为项目和企业找到最合适的投资者，从而顺利获得资金和所需的其他资源。

1.1.1 思考：每一家企业都需要融资吗

很多大型企业都需要融资，但并不是所有融资都有结果。事实上，企业在每个成长阶段都有可能面临资金短缺的风险，此时企业要做出选择，是继续坚持自给自足地迭代发展，还是通过融资实现跨越式发展。对大多数企业来说，比较好的选择是筹集更多资金以维持运营，想方设法让自己活下去。正如华为的创始人任正非所说的那样，活下去，永远是硬道理。

万科是房地产行业的龙头，其董事长郁亮同样将"活下去"作为终极目标，不轻易放过任何可以融资的机会；滴滴出行从创立以来，已经完成多次融资，现在已经成为一家有很高知名度和很大影响力的企业。

虽然万科、滴滴出行等企业都取得了成功，但也有一些企业没有那么幸运。《全国内资企业生存时间分析报告》显示，企业创立后第 5 年的累计存活率为 68.9%，第 9 年的累计存活率为 49.6%。也就是说，仅有不到半数的企业能存活 8 年以上。随着企业创立时间的延长，其累计存活率进一步降低，到第 13 年仅为 38.8%。

企业在发展过程中经常遇到竞争对手的挑战、市场的挑战、行业颠覆的挑战等，这些挑战很容易使企业陷入困境。为了在遇到挑战时可以摆脱困境，企业有必要制定完善的融资战略，储备资金、管理经验、技术、专利等资源，确保自己能生存下来并取得成功。

1.1.2　透过企业的生命周期看融资

生命周期是企业发展与成长的动态轨迹，通常包括 4 个阶段：初创阶段、发展阶段、成熟阶段、衰退阶段。划分生命周期的目的是为处于不同阶段的企业找到与其特点相匹配，并能不断促进其发展的融资战略，如图 1-1 所示。

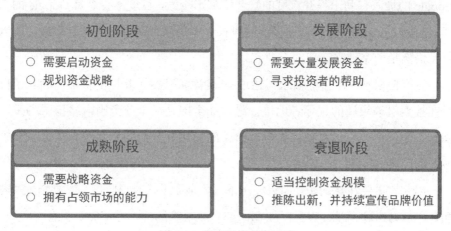

图 1-1　分阶段的融资战略

根据图 1-1 可知，在初创阶段，企业需要启动资金，创业者应该提前规划资金战略；在发展阶段，企业需要大量发展资金，这时应该寻求投资者的帮助,大范围融资;在成熟阶段,战略资金是企业最大的需求,该需求一旦被满足,创业者就可以拥有占领市场的能力;在衰退阶段,企业应该想办法巩固地位,此时不要急于融资,而要适当控制资金规模,有预见性地在产品和业务方面推陈出新,并持续宣传品牌价值。

企业所处的阶段不同,融资的目的和作用通常也不同。例如,在创立初期,百度获得了来自 Integrity Partners 和 Peninsula Capital Fund 两家风险投资机构高达 120 万美元的融资,这笔钱成了百度起航的第一批"燃料"。百度用这笔钱打造自己的搜索引擎,为以后"商业大厦"的建成奠定了牢固的基础。

随后,在第二轮融资中,百度获得了 Integrity Partners、Peninsula Capital Fund,以及美国知名风险投资机构 DFJ 和 IDG 的青睐,顺利获得 1000 万美元的融资。此时,百度仍然处于创立初期,其搜索引擎还在进一步完善中,但这笔钱帮助其顺利度过了技术攻坚期。

接下来就是百度上市前的第三轮融资,此时百度几乎是家喻户晓的企业,其搜索引擎发展得非常成熟。在这轮融资中,百度面临的问题是选择谁作为自己的战略投资者。只有和足够优秀的战略投资者合作,百度才能巩固来之不易的成就。最终百度选择了 Google 作为战略投资者。对此,李彦宏表示,Google 的加入有利于提升百度的知名度和影响力,百度不会辜负 Google 的信任。因为 Google 只拥有百度极少的股权,不足以影响百度的发展策略,所以百度仍然是一家独立运营的企业。

百度根据不同阶段的需求,通过 3 轮融资获得了相应的资金,确立了自己在搜索引擎领域的领导者地位,最终在全国乃至全球范围内站稳了脚跟,积累了大量用户。可以说,投资者给予的充足资金帮助百度成为搜索引擎领域一颗闪亮的星星。

创业者需要注意的是,如果经济下行,企业进入衰退阶段,就要修炼"内功",做好内部调整:首先,要在同类企业艰难运营时进行资源整合;其次,等到经济回暖后再迅猛发展;最后,在经济上行时谋求稳健发展。这样可以形成生命周期良性循环,延长企业的生命。

在美国发生次贷危机时,很多行业迎来经济下行的至暗时刻,知名半导体解决方案提供商上扬软件(上海)有限公司(以下简称上扬软件)的订单量出现断崖式下跌。与此同时,人才流失、业绩压力等问题使得上扬软件的规模大幅缩水,甚至面临着被收购的风险。

在企业发展如此困难的情况下,上扬软件的创始人吕凌志顶着被收购及被股东和员工质疑的压力,毫不动摇地带领团队继续前行。他拒绝企业被收购,并通过不懈努力拿到很多新订单,使得企业迅速"回血",顺利进入上行期。

正如吕凌志经常引用的《乱世佳人》中的经典台词"Tomorrow is another day"(明天是新的一天),上扬软件能够成功地在市场中存活下来,凭借的正是不怕困难的勇气和积极乐观的态度。当然,这也是上扬软件实力的最好证明。

1.1.3 融资战略的 4 个关键因素

创业者在制定融资战略时,要对时机、成本、收益、风险 4 个关键因素(见图 1-2)进行平衡和取舍。

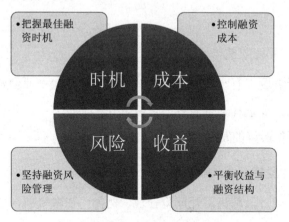

图 1-2 融资战略的 4 个关键因素

1. 时机:把握最佳融资时机

投资者在谈判过程中会广撒网,一般会先将项目握在手里,再做决策。然而,创业者的时间非常宝贵,一旦错过时机,就可能让项目"死"在自己手里。因此,创业者在确定所处阶段的融资战略以后,就要精准把握最佳融资时机，锁定最佳投资者，争取在融资过程中占据主动地位，顺利拿到资金。

"礼物说"是"90 后"创业者温城辉创立的移动电商平台，以"礼物攻略"为核心，搜罗时下潮流的礼物和送礼物的方法，为用户推荐热门礼物，用户也可以在该平台上下单。"礼物说"在 A 轮融资中获得红杉资本 300 万美元的投资，在 B 轮融资中获得知名投资机构 3000 万美元的投资，估值超过 2 亿美元，后来又顺利完成上千万美元的 C 轮和 C+轮融资。

温城辉一直坚守一条定律：不等到缺钱时再融资，提前 6 个月进行下一轮融资。其实在进行 B 轮融资时，温城辉已储备了大量资金，他认为这样做可以保证企业在短时间内无生存压力，集中精力研发产品，还可以让企业在后续融资中保持较高的估值。

2. 成本：控制融资成本

融资成本是一个宽泛的概念，不仅包括融资过程中耗费的经济成本，还包括为了实现融资目标而舍弃的时间、机会等无形成本。为了融资成功，创业者可以满足投资者的基础要求，但也要根据企业的实际情况，将融资成本降到最低。

3. 收益：平衡收益与融资结构

如果创业者发现有利的融资时机，就应当果断为企业融资。创业者需要注意：一方面，要选择适合企业的估值方式；另一方面，要从交易层面考虑如何让企业获得最好的发展。

4. 风险：坚持融资风险管理

融资的各个阶段都离不开风险管理。例如，在融资前，创业者要规避一些可能的风险；在融资时，创业者要了解交割条件、对赌协议等潜在风险；在融资后，创业者要警惕 IPO（Initial Public Offering，首次公开募股）红线。

1.1.4 解读 Oculus 的融资战略

下面以 Oculus 的 VR（Virtual Reality，虚拟现实）项目为例，具体讲述通过产品和企业发展确定融资战略的方法。

在 Oculus 创立之初，帕尔默·洛基一个人负责所有工作。在迈克·安东诺夫和布伦丹·艾里布加入后，迈克·安东诺夫担任首席软件架构师，布伦丹·艾里布担任首席执行官（Chief Executive Officer，CEO），帕尔默·洛基开始卸下管理重任，将全部精力放在 VR 项目上。

帕尔默·洛基在 Kickstarter 众筹平台上发布 VR 项目，该项目的核心产品是一款专门用来玩 VR 游戏的外部设备。Oculus 改变了玩家对游戏的认识，获得了近万名用户的支持。经过 1 个月的融资，Oculus 获得超出预定融资目标近 10 倍的资金。

此轮融资是 Oculus 的天使轮融资，Oculus 的产品有了初步形态，可以被展示给投资者。Oculus 还有了初步的商业模式，但可行性有待验证。

随后，Oculus 又获得 1600 万美元的 A 轮融资，投资者包括经纬创投和星火资本等。此时，Oculus 的产品成熟，并且有完整、详细的商业模式及盈利模式。

在 A 轮融资的助力下，Oculus 成功推出首批 VR 产品——VR 头盔。该 VR 头盔在 E3 大展上获得了年度最佳游戏硬件的提名。

与此同时，Oculus 和多家企业展开合作，共同研究支持 VR 头盔的游戏、演示版游戏，以及软件开发工具包。无论是从软件开发工具包的稳定性，还是从游戏的易用性看，Oculus 在软、硬件上都交出了高于公众预期的成绩单。

在 B 轮融资中，Oculus 获得了高达 7500 万美元的资金，领投方为 A16Z。此轮融资之后，A16Z 的创始人马克·安德森加入 Oculus 的董事会。

Oculus 利用 A 轮融资获得的资金扩大规模。在 B 轮融资后，Oculus 需要推出新业务、拓展新领域，以便增强竞争力，稳固自己在市场上的优势地位。因此，2014 年，Oculus 接受 Facebook（2021 年更名为 Meta）以 20 亿美元的交易额对其进行收购。这 20 亿美元中包括现金及 Facebook 的股票。

Facebook 和 Oculus 都表示，此次收购不会影响 Oculus 原来的发展计划，唯一不同的是，Oculus 获得了更多的资金支持。Oculus 被高价收购也意味着 VR 项目是成功的。

对一些商业模式比较成熟的企业来说，其最终目标是上市，它们也会继续进行 C 轮、D 轮、E 轮等后续轮次的融资，从而不断拓展新业务，补全商业闭环。

1.2 融资途径

目前，常见的融资途径有很多，创业者需要根据企业的融资战略和资本情况选择最合适的融资途径。当然，如果创业者有足够强的能力，也有一些优秀的帮手，那么可以同时选择多种融资途径，这样可以增大融资成功的可能性，获得更多资金。

1.2.1 天使投资

天使投资一般由个人直接向企业投资，是风险投资的一种，它与其他风险投资有一定的区别。天使投资的投资对象常常是一些尚处于构思阶段的原创项目或者小型初创企业。天使投资的门槛较低，即便是一个创业构思，只要有发展潜力，就可能获得资金，而其他风险投资一般对这些还未成形的创业构思兴趣不大。

在产品和业务还没有成型的时候，天使投资者就投入资金。其实在做投资决定时，天使投资者非常看重创业者。如果他们对创业者的能力和创意深信不疑，就愿意向创业者提供帮助。天使投资的资金规模不等，可从几百万元到几千万元。

天使投资对企业的作用重大，而天使投资者的回报也是非常可观的。按照阿里巴巴上市时的估值计算，其天使投资者孙正义 2000 万美元的投资获得股权的估值约为 580 亿美元。

天使投资共有 5 种模式，如图 1-3 所示。

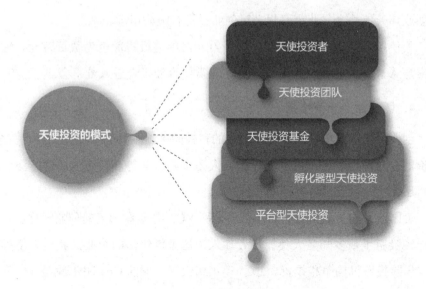

图 1-3　天使投资的模式

1. 天使投资者

天使投资者大多是积累了一定财富的企业家、成功创业者等，这些人在投资后积极为创业者提供战略规划、人才、公关等增值服务，是早期创业者的重要支柱。随着天使投资的发展，手中有闲置资金的律师、会计师、企业高层管理人员及行业专家等也可以成为天使投资者。

2. 天使投资团队

天使投资团队有非常多的优势，如汇集项目来源、成员之间分享行业经验和投资经验等。有一些天使投资团队之间的联系紧密，还会通过联合投资的模式对外投资。

3. 天使投资基金

随着天使投资的进一步发展，天使投资基金等机构化天使投资模式出现。有些资金充足、活跃于投融资领域的天使投资者设立了天使投资基金，进行专业化运作，如新东方的联合创始人徐小平设立的真格基金。

此外，还有一类天使投资基金与风险投资机构的形式相同，但投资规模较小。这些基金的资金是从企业、外部机构、高净值群体那里募集而来的，如创业邦天使基金、北京联想之星创业投资有限公司等。

天使投资基金的规模一般为几千万元，单笔投资额度为数百万元。它们经常与 A 轮风险投资机构联合投资，通常作为领投者进入董事会。

4. 孵化器型天使投资

创业孵化器一般建立在各个地区的科技园区，主要为企业提供启动资金、廉价的办公场地、便利的配套设施、人力资源服务等。在企业经营方面，孵化器还会给企业提供各种帮助。

美国硅谷的 Y Combinator（以下简称 YC）是全球知名的创业孵化器，目前已经吸引了很多知名天使投资者加入，这里孵化出的企业被其他天使投资者、风险投资机构争相投资。2023 年年初火爆全球的 ChatGPT 就是 YC 创业早期投资的项目。YC 对初始期的小型企业的投资不超过 5 万美元，占 5% 左右的股权。风险投资机构会给每一位创业者提供教练和创业课程辅助，但不提供创业场地。

现在国内的创业孵化器也有了一定的发展，潜力巨大，典型代表是李开复创立的创新工场，还有比较知名的天使湾创投、北京中关村国际孵化器有限公司、陆奇创办的奇绩创坛等机构，以及非常受欢迎的 HICOOL 商学院。

5. 平台型天使投资

移动互联网的快速发展促使越来越多的应用终端和平台对外开放接口，这让创业者可以基于自己的应用平台进行创业。例如，苹果 App Store 的平台、腾讯微信公众号的平台让很多创业者趋之若鹜。

一些平台为了增大对创业者的吸引力和平台的价值，设立了天使投资基金，给有潜力的企业提供启动资金。天使投资基金不仅可以给企业提供资金支持，还可以给它们提供丰富的平台资源。

1.2.2 股权众筹

股权众筹是一种新型融资途径，是多层次资本市场的一部分。与传统单

一、高门槛的融资途径不同，股权众筹为很多有创意、无资金的创业者提供了一种低门槛的融资途径。随着股权众筹的迅速走红，互联网众筹平台已经成为互联网金融领域的风口。

股权众筹为中小型企业融资提供了一种很好的途径。天使汇、人人投等股权众筹平台率先探索出股权众筹的交易规则，并创造出独特的众筹模式。作为多层次资本市场的重要部分，股权众筹不仅有利于创业者实现低门槛融资，还通过天使投资者推动了企业高速发展。

股权众筹的 3 个特点如图 1-4 所示。

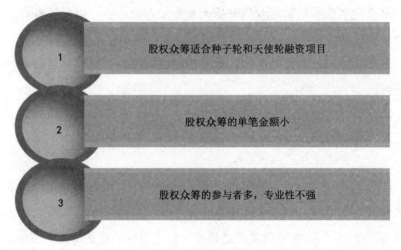

图 1-4　股权众筹的 3 个特点

（1）股权众筹适合种子轮和天使轮融资项目。一些已经经过种子轮和天使轮融资的项目的估值相对较高，如果它们选择通过股权众筹的途径进行融资，那么往往不会成功。因为股权众筹平台一般不接受发展期甚至后期项目，只接受需要进行种子轮和天使轮融资的项目。

（2）股权众筹的单笔金额小。如果创业者的项目需要上千万元的融资，那么不适合进行股权众筹。以 Google 旗下的实验室 Google X 为例，如果要进行股权众筹，那么其动辄上亿元的融资需求是大多数投资者无法满足的。如果每位投资者都根据自己的能力投资几十万元，投资人数就会超过国家规定的人数上限，因此难以进行股权众筹。

股权众筹要求项目的单笔融资金额比较小，毕竟股权众筹不是当前股权投资市场的主要融资途径，如果融资额度太大，就会提升这种融资途径的风险，不利于后期的发展。相关研究机构对众多股权众筹平台进行分析的结果显示，股权众筹项目融资额度为 50 万～500 万元比较合适。

（3）股权众筹的参与者多，专业性不强。项目在股权众筹平台上线后，面对的是几千个甚至几万个普通投资者，最终由 200 个以内的投资者认购众筹金额。

大多数投资者通过自己的分析、判断在线上做出投资决定，而不是由传统的精英投资机构聘请专业的分析人员来做行业分析，因此投资者的专业性不强。如果项目过于晦涩难懂，普通投资者就很难做出投资判断。

总之，股权众筹是一个还在发展中的融资途径，我们应当抱着宽容的态度看待它。

1.2.3　PE 投资

PE（Private Equity，私募股权）投资是指对具有成熟商业模式的未上市企业进行的股权投资。PE 投资和风险投资的不同之处在于，风险投资关注的是早期成长企业，而 PE 投资关注的是有一定成熟度的成长型未上市企业。

风险投资的项目可能已经初具规模，但其商业模式不够成熟，离上市还有很远的距离，如对互联网行业中的项目的投资大多属于风险投资，这类项目的投资风险高、收益高。而 PE 投资的项目大多有成熟的商业模式，并具有一定的规模，投资额往往在千万美元以上，如鼎晖中国成长基金和高盛集团以 20.1 亿元的价格收购双汇，获得其 100%的股权。

众所周知，传统实业投资的运作流程为原料采购—加工生产—销售回款。而 PE 投资则开创了一条全新的资金运转流程，即项目投资—项目管理—项目退出。

首先，PE 投资者在金融货币市场募集资金。其次，PE 投资者选择成长型的未上市企业，通过参股入资的方式进行战略投资。对企业来说，PE 投资者不仅可以带来资金，还能带来先进的管理理念及资源，有助于企业实现成长与扩张、兼并与收购等。最后，PE 投资者将会通过 IPO 的方式实现资本退出。PE 投资者实现盈利的过程包括融、投、管、退 4 个步骤，如图 1-5 所示。

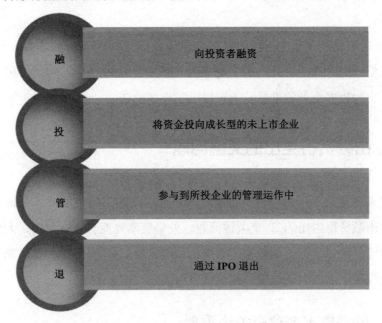

图 1-5　PE 投资者实现盈利的过程

PE 投资者在投后管理阶段的介入程度是一门学问。一般来说，投资金额大小和所占股权比例大小决定 PE 投资者在投后管理中需要花费精力的多少；企业需要的帮助越多，PE 投资者应当投入的精力越多，但帮助仅限于重要决策而不是日常经营。当企业处于危难时刻时，PE 投资者应当积极帮助企业解决问题。

PE 投资者青睐的企业主要分为 3 种：具有广泛市场前景的企业、商业模式先进的企业、有高水平管理团队的企业。

具有广泛市场前景的企业有 3 个特点：一是企业所在的行业一般处于成长期、成熟期；二是企业的产品和服务处于导入期和成长期；三是企业所在的市场具有巨大的发展空间，同时企业在市场上居于领导地位，如阿里巴巴、腾讯等。

商业模式先进的企业一般有清晰的战略定位，简单、标准的业务系统，获得竞争优势的关键资源，以及切实可行的盈利模式，如如家酒店等。

此外，企业还要有高水平的管理团队，这些管理团队一般具有专业、诚信、专注、团结的特点，如腾讯、上海盛大网络发展有限公司（以下简称盛大）等。

PE 投资曾经是一个神秘的存在，被认为是少数富有人士独享的内幕资源。随着人们理财意识的提升，越来越多的人开始了解 PE 投资并参与到 PE 投资中，这也为很多企业的融资、上市提供了重要的帮助。

1.3　由融资衍生出的关键问题

对大多数企业来说，融资都是一项必不可少的工作。创业者在融资时需要注意由融资衍生出的 3 个关键问题：外部资本究竟有多么重要、为什么要趁早融资、融资会为企业带来什么变化。创业者了解这 3 个关键问题，可以在一定程度上降低融资难度，使融资更顺利。

1.3.1　外部资本究竟有多么重要

创业者可以通过融资获得外部资本的助力。融资的多样化及资金的金额与企业的生命力息息相关，融资成功与否会直接影响企业的命运。例如，通过融资，腾讯走向了国际资本市场；因为得到了外部资本的助力，北京富基旋风科技有限公司成功在美国纳斯达克上市等。这些企业因为得到了外部资本的支持，突破了发展限制，为自己创造了更多的机会。

除了想方设法拿到企业所需的资金，创业者还应该注意融资效率，合理地控制影响融资效率的因素。一般来说，影响融资效率的因素主要包括融资数量、融资时间、融资成本、成本支付时间、折现率与现金流风险水平是否适应等。

（1）融资数量。创业者在融资过程中要充分考虑企业各方面的情况和需求，设置一个合理的融资数量，从而高效地实现融资目标。

（2）融资时间。一般来说，企业所融资金越晚到账，融资效率就越低。创业者在融资过程中应该注意融资时间，及时做好与投资者和银行的对接工作。

（3）融资成本。企业的融资成本越低，耗费的资源越少，融资效率就越高。创业者要注意成本的合理支出，避免出现成本和融资资金大致相抵的情况。

（4）成本支付时间。创业者通过延迟支付融资成本，可以有效提高融资效率。

（5）折现率与现金流风险水平是否适应。与现金流风险水平相适应的折现率相当于无风险报酬率与风险补偿率之和。现金流风险往往具有复杂性，导致风险补偿率难以确定。创业者可以通过一些可预测因素，大致确定风险补偿率的范围，以便提高融资效率。

在当今的创业环境中，资本是非常重要的。随着创业节奏加快，创业者要明确什么时候需要资本支持。借鉴其他企业的经验，将不确定的因素确定化，看准融资时机，将对企业有很大帮助。

1.3.2 为什么要趁早融资

在投融资领域中一直流行这样一句话："融资要趁早。"这是为什么呢？主要原因有两个：一是在短时间内很难找到资金；二是投资者愿意锦上添花，无意雪中送炭。

1．在短时间内很难找到资金

很多企业都会选择在自己比较富裕或者最富裕时进行融资，因为此时融资不需要委曲求全，而且效果更好。例如，SaaS（Software as a Service，软件即服务）市场上的巨头企业 HubSpot 在资金非常充足的情况下进行第四轮融资，并借此顺利上市，实现高速、稳定发展。由该企业的经历可知，融资不能在缺钱时进行，而要在富裕时进行。

2．投资者愿意锦上添花，无意雪中送炭

投资赌的是概率，投资者所做的一切都是为了保证自己的利益和回报，

他们愿意锦上添花，无意雪中送炭。绝大多数投资者有丰富的经验，虽然他们的投资选择存在一定的随机性和偶然性，但他们还是更愿意为经济条件比较好的企业投资，因此创业者一定要把握好融资时机。

对创业者来说，融资是一件要坚持做的事。即便刚完成一轮融资，启动下一轮融资还需要一段时间的接洽和磨合，也应该未雨绸缪，提前制订下一轮融资规划。

一般来说，当企业银行账户中的资金只能满足企业 18 个月的运营需求时，就应该制订融资规划，并及时启动下一轮融资。

当然，如果创业者在创立企业时就已经制订好融资规划，就再好不过了。例如，规划好当企业的运营状况达到某一层级时启动哪一轮融资，以及投资者需要满足哪些条件、为企业提供哪些增值服务等，这样可以避免企业在缺钱时融资无门，对企业的发展造成负面影响。

事实上，无论哪一轮融资，环节都大体相同，也都非常艰难。因此，创业者要尽早开始下一轮融资，如果等到资金短缺时再进行融资，就只能自己承担后果了。

1.3.3 融资会为企业带来什么变化

如果创业者是一个融资新手，就需要从基础知识学起，了解融资会为企业带来什么变化。对大多数企业来说，股权稀释、控制权减弱、财务公开化是最明显的 3 个变化。

1. 股权稀释

股权稀释是融资给企业带来的直接变化之一。一些创业者可能意识到，他们的股权比例会随着融资轮次的增多而不断减小。事实也是如此，创业者最终能获得多少股权，在很大程度上取决于企业的融资轮次。

通常来说，企业在上市前需要进行 5 轮融资，即种子轮、天使轮、A 轮、B 轮、C 轮。而企业每成功进行一轮融资，创业者的股权比例就会相应地减小。随着融资轮次逐渐增多，投资者的权益及设立期权池都会使创业者和原有投资者手里的股权被稀释。经过多轮融资和期权池调整后，创业者手中的股权往往比较少。

然而，股权稀释不一定是坏事。创业者通过融资把企业一步步做大、做强，最终实现上市，这样的股权稀释就很值得。因为企业的发展壮大会使企业的市值不断升高，而市值升高带来的收益远高于出让一部分股权造成的损失。

2．控制权减弱

随着外部资本的加入，创业者的股权会被不断稀释，与此同时，创业者的控制权也在减弱。这就要求创业者必须想方设法保护自己的控制权。例如，归集表决权，即把其他小股东的表决权归集于创业者，由创业者统一行使。这是一种比较不错的保护控制权的方式，可以增加创业者在股东会和董事会中实际拥有的表决权，从而保护创业者的控制权。

3．财务公开化

企业必须向已经成为股东的投资者公开财务信息。创业者主要通过财务报表的形式向投资者说明企业的财务状况，包括资产、负债、经营数据等。一般来说，在企业上市前，创业者只需要向少数投资者和股东公开财务信息；等到企业挂牌新三板或正式上市后，则需要向公众公开财务信息。财务公开化有利于企业进行规范化的财务管理，对企业的发展有益，对投资者也有益。

1.3.4　上扬软件：资本加持下的极速发展

上扬软件是一家专门为半导体、光伏、LED 等高科技制造业提供解决方案的软件企业，产品包括制造执行系统（Manufacturing Execution System，MES）、统计过程控制系统、设备自动化方案、配方管理系统、先进工艺控制、故障检测分类、制造数据平台等。其总部位于上海，目前在我国多个城市（如北京、成都、合肥、武汉等）和多个国家（如新加坡、马来西亚等）设立了分支机构，并且拥有一个由上百位成员组成的优秀研发团队。

在我国，上扬软件可谓 To B 领域的佼佼者，也是较早进入半导体领域并自主研发半导体 MES 的企业。上扬软件官网提供的信息显示，上扬软件在半导体领域的很多客户都非常知名，如中芯国际集成电路制造有限公司、歌尔股份有限公司、格科微电子（上海）有限公司等。

为了让客户享受更高质量的服务，上扬软件长期坚持"技术赋能产业"的理念，这与其一直以来所秉承的价值观息息相关。吕凌志曾经公开表示："生而为人，我们应该忠诚于什么？生而为公司，我们上扬（软件）应该忠诚于什么？在竞争激烈、跌宕起伏的半导体市场，我们能活过 20 多年，靠的是什么？

"第一，靠的是我们的核心价值观：诚信、善良、勤劳。

"第二，靠的是我们的核心团队对这个行业的热爱和坚守。

"第三，靠的是客户、投资方、员工对我们的信任和支持。"

凭借亮眼的成绩和积极向上的价值观，上扬软件获得了很多投资者的关注。2021 年 5 月，上扬软件获得了哈勃科技创业投资有限公司的投资；2021 年 10 月，上扬软件完成了数额高达上亿元、由国家大基金二期领投的 C 轮融资；随后，上扬软件分别获得了新微资本、屹唐华创等知名投资机构的战略融资；2017 年参与上扬软件 A 轮融资的深圳市创新投资集团也持续加码，在持股架构层面进一步优化，锁定更多政策性基金。

如今，新一波资本浪潮风起云涌，场内的企业乘风破浪，谋求更好的发展，场外的初创企业和跨界新秀跃跃欲试。然而，工业软件几乎无法速成，难上加难的半导体 MES 更是如此，当然，对上扬软件来说，这也是它可以吸引资本的一道强有力的"护城河"。

上扬软件一路走来，既经历过波澜起伏，又穿梭过风霜雨雪，凭借一身"武艺"和投资者的帮助行走江湖。在荆棘密布的商业丛林中，它一骑绝尘，用时间的洗礼、产品的落地来无言地展示着强大的生命力。未来，它还会不断打磨产品、升级技术，借助攻坚克难的勇气吸引更多投资者。

第2章

风险投资的价值与操作分析

风险投资是股权投资的一种形式。投资者会提供资金给被投资企业，以帮助被投资企业获取更丰厚的利润。对投资者来说，风险投资是一份追求长期利润的高风险、高报酬事业。

2.1 风险投资究竟是怎么回事

在风险投资中，创业者和投资者都需要面临很多不确定性，如有些创业者在管理方面缺乏经验，导致团队的综合实力较差，进而影响投资者的回报。但是，我们不得不承认，一旦遇到好项目，投资者的回报也是非常高的，这也是投资者愿意进行风险投资的重要原因之一。创业者作为整个团队的领头人，必须了解风险投资，精准判断自己的企业是否适合风险投资。

2.1.1 风险投资概述

风险投资这一概念起源于美国，是 20 世纪六七十年代由美国硅谷的投资者提出的。他们为了追求高回报，愿意承担高风险。如果投资成功，他们就可以获得几倍、几十倍，甚至上百倍的回报；而一旦失败，他们就面临血本无归的境地。对创业者来说，风险投资的好处在于，即使创业失败，也不需要负债。这为很多有梦想、有实力的创业者提供了实现创业梦想的可能。

在我国，风险投资的兴起源于 20 世纪 80 年代中期。当时留学海外的中国学子纷纷回国创业，包括亚信科技的创始人田溯宁、百度的董事长兼 CEO

李彦宏、中星微电子有限公司的董事长邓中翰、空中网的总裁杨宁、携程旅行网的创始人沈南鹏等。

除了创业者的海归背景，对赌协议也是投资者在风险投资中非常关注的内容。不是所有投资者都要求签订对赌协议的，但他们普遍重视对创业者的约束。很多投资者与创业者争夺企业控制权的事情几乎都出现在风险投资阶段。

新型创业项目、两三个人的创业团队、几万美元的启动资金是大部分海归最初创业时的情形。百度、搜狐这样的互联网巨头企业，以及 UT 斯达康通讯有限公司最初的创业团队也只有两三个人。这些企业最终能够脱颖而出，主要得益于不断吸收风险投资。

IDG 资本投资顾问（北京）有限公司（以下简称 IDG 资本）是我国最早的风险投资机构之一。当时民众对风险投资的概念是非常陌生的，市场也没有完全开化，而熊晓鸽在这种环境下创立了 IDG 资本。熊晓鸽说："我的工作就是做投资，只琢磨 3 件事：一是市场，二是产品，三是管理团队。实际上，最根本的就是琢磨人，琢磨一个项目进入的时机，还要观察项目的团队对资本的复杂态度。"

在进行风险投资时，投资者非常重视创业者自身的抗压能力和付出，相比之下，后来的投资者则侧重于市场、团队、服务等方面，更重视创业者能给自己带来的利益。

如果创业者希望获得风险投资，就应该拿出全部身家，付出更多的时间和精力去创业，否则投资者是不会轻易投资的。

2.1.2　风险投资的特点

风险投资与一般投资有很大不同。与一般投资相比，风险投资的特点如图 2-1 所示。

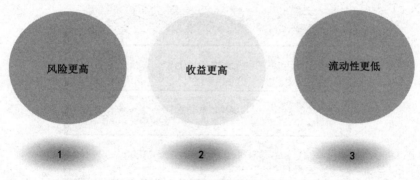

图 2-1　风险投资的特点

1．风险更高

由于风险投资的主要投资目标是刚起步的中小型高新技术企业，企业的规模通常比较小，没有资产可以抵押，因此投资风险非常高。如果技术经不起市场检验，无法转化为现实的生产力，企业就有倒闭的风险，而投资者的钱也会打水漂。

2．收益更高

风险投资一旦成功，投资者就能获得非常高的收益。如果未来企业发展壮大，增值速度迅猛，那么投资者可能会获得几百倍甚至几千倍的投资收益。

3．流动性更低

风险资本在企业刚起步时就投入了，在企业的商业模式发展成熟后才能通过市场变现。而在此期间，风险资本基本上无法流动。

风险投资对高新技术产业的发展具有重要的支持作用，在推动技术创新、调整产业结构、改善社会就业情况、增加投资渠道、加强市场深度等方面有重要意义。

2.1.3　适合风险投资的企业

如果中小型高新技术企业处于快速成长期，并且涉足人工智能、互联网、通信、半导体、生物工程等行业，那么风险投资是最合适的融资途径，原因如图 2-2 所示。

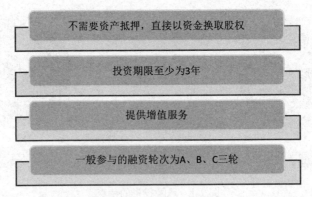

图 2-2　风险投资是中小型高新技术企业最合适的融资途径的原因

1．不需要资产抵押，直接以资金换取股权

刚起步的中小型高新技术企业的规模还比较小，没有资产可以抵押，而风险投资的投资决策主要建立在对创业者持有的技术和产品的认同的基础之上，不需要资产抵押，直接以资金换取股权。

2．投资期限至少为 3 年

投资者从进入到退出中小型高新技术企业，所间隔的时间就是风险投资的投资期限。一般来说，风险投资的投资期限至少为 3 年。

3．提供增值服务

合适的投资者不仅能够给予创业者资金支持，还能在其他方面为创业者提供帮助，如协助创业者解决战略问题、招揽优秀的人才、促成交易与合作、提供财务及法务指导等。

4．一般参与的融资轮次为 A、B、C 三轮

风险投资一般参与的融资轮次为 A、B、C 三轮。风险投资参与的融资轮次及对应的企业阶段和投资量级如表 2-1 所示。

表 2-1　风险投资参与的融资轮次及对应的企业阶段和投资量级

融资轮次	企业阶段	投资量级
A 轮融资	产品渐趋成熟，企业正常运作了一段时间并有完整、详细的商业模式及盈利模式，在行业内拥有一定的地位和口碑。但是，企业有可能仍处于亏损状态	1 亿元以下

融资轮次	企业阶段	投资量级
B 轮融资	在 A 轮融资的支持下企业获得了一定的发展，开始盈利，可能需要推出新业务、拓展新领域	2 亿元以上
C 轮融资	商业模式比较成熟，有较丰厚的利润，需要通过融资拓展新业务、补全商业闭环；有上市的意图	10 亿元以上

2.2　风险投资者的三大类型

随着投融资领域越来越火爆，风险投资者的类型逐渐增多。根据风险投资的特点，我们可以将风险投资者分为三大类型：有实力的风险资本家、专业的风险投资企业、经验丰富的产业附属投资企业。创业者了解了这三大类型的风险投资者，就可以根据自己企业的实际情况制订融资规划。

2.2.1　有实力的风险资本家

风险资本家大多是从事风险投资的企业家。与其他投资者一样，他们也是通过投资来获得利润的。在他们眼中，项目是否有投资价值主要由 3 个因素决定：第一，项目要解决的问题的大小；第二，项目提供的解决问题的方案的好坏；第三，管理团队整体质量的高低。

当然，在衡量项目的投资价值的同时，风险资本家也会考虑风险，包括研发风险、生产风险、市场风险、管理风险、规模增长风险等。一般来说，他们只愿意在一个项目中承担两种风险。一旦项目所面临的风险超过这个数量，他们就可能放弃投资。

2.2.2　专业的风险投资企业

风险投资企业的类型多样，其中比较有代表性的是软银集团（以下简称软银）。早在 2016 年与英国芯片设计公司 ARM 达成收购协议时，软银就在风险投资界引起巨大轰动。毫不夸张地说，软银是风险投资界的佼佼者，已经在全球进行了大量风险投资，尤其是互联网领域。而且在投资过程中，软银充分展示了自身的投资智慧，其投资的大部分项目都获得了丰厚的回报，其董事长孙正义也被认为是一位非常成功的风险投资者。

软银曾经凭借敏锐的投资嗅觉发现了具有巨大发展潜力的雅虎，为其投资 200 万美元，并在第二年又为其投资 1 亿美元，获得了 33%的股权。而在第二次投资两个月后，雅虎就顺利上市，软银凭借大量股权赚得盆满钵满。

除了雅虎，软银还在盛大最艰难的时刻为其投资 4000 万美元，获得了 21%的股权。盛大凭借这笔资金起死回生，在短短一年半的时间内就在美国纳斯达克顺利上市，而软银在其上市后成功从中变现 5.6 亿美元。

软银在孙正义的领导下，大大小小的投资不断，获利颇丰。从软银的案例中可以看出，风险投资企业的显著特点就是非常专业，对项目的前景有比较准确的判断。而且，风险投资企业的投资范围通常比较广泛，只要项目有投资价值，就愿意投资。

2.2.3 经验丰富的产业附属投资企业

产业附属投资企业大多是非金融性实业企业下属的独立风险投资机构，主要投资一些特定行业。产业附属投资企业具有丰富的投资经验，不仅能在资金管理上为创业者提供支持，还能在企业的基础设施建设等方面为创业者提供帮助。

众多实例证明，产业附属投资企业会对自己感兴趣的行业进行深入分析和研究，并让创业者看到其想要投资的诚意，而不是敷衍创业者。

创业者可以从组织架构上看出产业附属投资企业是否足够专业。有些产业附属投资企业有专属的市场营销部门，主要负责处理外部信息和各种投资事务。

创业者在遇到经验丰富的产业附属投资企业时，一定要把握住机会。

2.3 走进风险投资机构内部

在投融资领域，除了个人投资者，还有资金量大、能力相对较强的风险投资机构。风险投资机构通常以团队的形式进行投资，注重安全性和回报率。如果创业者想筹集更多资金，就有必要了解风险投资机构，因为相比于个人投资者，风险投资机构在资金方面往往是有优势的。在了解风险投资机构时，创业者可以从以下几个方面入手。

2.3.1　背景调查：辨别风险投资机构的适配性

在选择风险投资机构时，适配性是非常重要的考虑因素，这就要求创业者必须提前调查风险投资机构的背景。很多专业平台可以为创业者提供这方面的帮助，如创业邦有大量的资料可供创业者查询，使创业者更全面地了解某个风险投资机构。

评估风险投资机构能够给企业提供多少资源，是了解风险投资机构的投资方向与特点的一个重要途径。如果风险投资机构承诺给企业提供一些资源，那么创业者最好将这份承诺书面化，以保证承诺能够落到实处。好的风险投资机构可以给创业者介绍很多人脉，这些人脉很可能对项目发展起到关键性作用。

有些风险投资机构的投资团队的成员可能随口就说"你说××啊，我们创始人和他关系不错，有机会介绍给你认识"，此时创业者需要辨别其中的含义。如果"××"是风险投资界的大佬，那么该风险投资机构很可能能力不足，担心创业者不信任他们，所以利用这个大佬抬高自己的身价；如果对方提到的"××"的名气不大，而且又接着说出了很多这种类型的人，那么对方可能的确来自实力强大、资源丰富的风险投资机构。

创业者在进行背景调查时，可以选择两三个风险投资机构曾经投资过的项目并找项目 CEO 深入了解情况。创业者要谨记，不要单纯为了资金而选择风险投资机构，要在多提问、多思考、多研究的基础上做决定。合适的风险投资机构是智慧导师，可以帮助创业者获得成功。

2.3.2　风险投资机构的投资周期

风险投资机构的投资周期至少为 3 年，投资方式一般为股权投资，不需要担保或抵押。下面以摩拜单车（2020 年更名为美团单车）为例对此进行说明。

摩拜单车是由北京摩拜科技有限公司推出的一种互联网短途出行解决方案，可以实现无桩借、还车。用户可以使用智能手机快速租用和归还摩拜单车，低价享受几公里的骑行服务。上海是摩拜单车的第一站，随后，摩拜单车陆续进入北京和广州的市场，以独特的造型和醒目的车身颜色吸引社会关注与市民尝鲜。

早在 2015 年 10 月，摩拜单车便完成了数百万美元的 A 轮融资，投资者为愉悦资本；2016 年 8 月，摩拜单车完成数千万美元的 B 轮融资，由熊猫资本领投，愉悦资本和创新工场跟投；2016 年 9 月底，摩拜单车完成超过 1 亿美元的 C 轮融资，由高瓴资本、华平投资集团领投，红杉资本、启明创投和摩拜单车的早期投资者跟投；2016 年 10 月 13 日，摩拜单车完成 C+轮融资，投资者包括腾讯、红杉资本、华平投资集团、高瓴资本、贝塔斯曼、创新工场、熊猫资本等，同时获得美团创始人兼 CEO 王兴的个人投资。

愉悦资本、熊猫资本、红杉资本、创新工场等风险投资机构参与了摩拜单车不止一轮的融资，而在当时盈利情况不明朗的背景下，它们的投资周期至少为 3 年。

2.3.3　增值服务：风险投资机构的"小心思"

当下的风险投资机构都面临一个挑战，那就是需要给创业者提供很多资金以外的东西。图 2-3 总结了出色的风险投资机构会为创业者做的 4 件事。

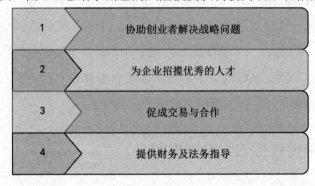

1	协助创业者解决战略问题
2	为企业招揽优秀的人才
3	促成交易与合作
4	提供财务及法务指导

图 2-3　出色的风险投资机构会为创业者做的事

第一，协助创业者解决战略问题。

如果每月一次的董事会会议只是简单地总结事实和数据，那么这样的董事会会议是没有意义的。出色的风险投资机构会提前向创业者索要经营信息，并利用董事会会议探讨战略问题。例如，企业应该深入一个垂直领域还是广撒网、是否采取开源策略等。

在风险投资界，有些风险投资机构从来不参加所投资企业的董事会会议，只参与战略讨论。在战略讨论中，这些风险投资机构会与创业者列出十大战略话题，与高层管理人员和其他投资者一起进行讨论。正因如此，这些风险投资机构的投资回报率远高于其他风险投资者。

第二，为企业招揽优秀的人才。

对企业来说，团队的成长是非常重要的。大多数风险投资机构都有丰富的社交资源，对人才的识别能力强，可以发现创业者发现不了的人才。

第三，促成交易与合作。

很多企业的资源有限不仅表现在资金方面，还表现在客户资源方面。如果创业者是第一次创业，那么可用的资源更少，而风险投资机构可以帮助企业拓展客户，有助于企业的长久发展。如果企业进入业务拓展瓶颈期，那么创业者可以寻求风险投资机构的帮助，以获得资金和客户资源。

第四，提供财务及法务指导。

创业者很可能因为经验不足而掉进法律契约、财务审计和专利申请等方面的陷阱中，风险投资机构可以在这些方面为创业者提供指导，使创业者少走弯路。

如果创业者有幸获得了风险投资机构的风险投资，那么不妨尝试挖掘风险投资机构的最大价值，实现双赢。

2.3.4　警惕冒牌风险投资机构

在创业者纷纷寻求融资的时代，一些不法分子以投资为噱头实施诈骗。创业者如果不够谨慎，就很容易落入冒牌风险投资机构设好的圈套，使自己的创业之路更加艰辛、坎坷。那么，创业者应如何识别这些冒牌风险投资机构呢？下面为大家总结了冒牌风险投资机构的特点。

（1）给自己起一个冠冕堂皇的名称。创业者比较容易相信外表看上去很光鲜的机构，再加上很多创业者融资心切，就更容易落入这些机构的圈套。

（2）收取各种名目的费用。冒牌风险投资机构的最终目的是骗钱，这决定了它们最显著的特点就是会向创业者收取各种名目的费用，如考察项目的路费、住宿费、招待费等。然而，有融资经验的创业者都知道，真正的风险投资机构通常不会收取这些费用。因此，创业者应该找正规的风险投资机构融资。当有风险投资机构表示愿意投资时，创业者不仅要对其背景进行全面调查，还要保持警惕的心态，特别是要对各种付款要求保持高度警惕，在必要时可运用法律武器来保障自己的利益。

（3）专业素质较低。真正的风险投资机构通常具有丰富的专业知识，综合素质非常高，而冒牌风险投资机构在专业素质方面则相差较多。即便接受了训练，冒牌风险投资机构也只是更擅长避实就虚，想尽一切办法让创业者交钱。因此，如果创业者发现对方对于专业性的东西闭口不谈，而是一直在说费用，那么对方是冒牌风险投资机构的可能性就非常大。

（4）与不法中介机构合伙行骗。冒牌风险投资机构常常与一些不法中介机构合伙行骗，不法中介机构包括律师事务所、会计机构等。具体地说，冒牌风险投资机构会向创业者推荐中介机构，为创业者提供资质审核、项目评估、律师咨询等服务，相关费用由中介机构收取，冒牌风险投资机构与中介机构分账。

（5）不在本地行骗。大多数冒牌风险投资机构在诈骗成功后会逃之夭夭，让被骗的创业者找不到他们。由于冒牌风险投资机构需要在本地立足，这就注定他们不会在本地行骗。而且，冒牌风险投资机构知道创业者被骗后一定会找他们，所以选择在外地行骗，方便逃离。

（6）网站杂乱无章。在互联网时代，大部分企业都会建设一个网站，即便是冒牌风险投资机构也不例外。冒牌风险投资机构大多不具备专业能力，而且资金不足，因此通常不会耗费精力管理网站。在这种情况下，冒牌风险投资机构的网站很可能采用静态页面，而且结构混乱、页面简陋、缺乏有效的内容。如果创业者打开风险投资机构的网站，发现其杂乱无章，就要认真考虑该风险投资机构是不是冒牌风险投资机构。

（7）缺少工商注册信息。如果风险投资机构没有进行工商注册登记，那么创业者几乎可以判定它是冒牌风险投资机构。当然，即便有工商注册登记，也不能排除对方是冒牌风险投资机构的可能性。创业者可以登录工商行政管理机关主办或认可的信息查询网站进行查询，也可以去风险投资机构经营所在地的工商行政管理机关查询。如果没有找到信息，那么创业者最好不要相信对方。

虽然很多创业者都觉得自己在融资过程中不会遇到冒牌风险投资机构，但是提高警惕总好过亡羊补牢。高明的冒牌风险投资机构会利用创业者急于融资的心态，让创业者产生一种遇上了贵人的感觉。他们会包装自己，骗取创业者的信任，并对项目大加赞赏，借考察项目的名义骗钱，最后逃之夭夭。

第3章

尽职调查助力融资风控

"尽职调查"一词源于英文 Due Diligence，主要由财务尽职调查、法务尽职调查、业务尽职调查组成。科学、准确的尽职调查能够帮助投资者了解企业的情况，减少因为双方信息不对称而产生的诸多问题。尽职调查的结果是投资者与企业深入合作的重要基础。

3.1　尽职调查之财务维度

对任何企业而言，财务工作的重要性都是不容小觑的，也正是因为如此，财务尽职调查才会如此受投资者的重视。财务尽职调查一般是指投资者在与创业者达成初步合作意向后，经双方协商一致，投资者对企业的财务事项进行调查、审核的一系列活动。在此过程中，创业者要积极配合投资者，尽自己所能帮助投资者更好地了解企业的财务状况。

3.1.1　展示创造价值的能力

在进行财务尽职调查时，投资者重点关注企业的销售额、利润率等财务数据，以掌握企业真实的财务状况。如果创业者不重视财务数据，导致销售额、利润率等被低估，就会造成估值结果失真、融资金额过小，从而影响融资进程。

除了财务数据，为了进行高效、深入的财务尽职调查，投资者还会考察企业创造价值的能力。创业者必须掌握企业创造价值的驱动因素，研究其将来的变化趋势，并将变化趋势展示给投资者。具体的分析思路可以参考因果矩阵，如图 3-1 所示。

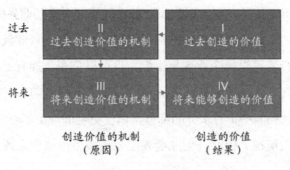

图 3-1　因果矩阵

投资者分析企业将来是否能创造价值，往往不会只看财务报表。如果企业上一年度的销售利润是 50 万元，本年度的销售利润是 100 万元，那么下一年度的销售利润不一定会达到 200 万元。本年度的销售利润 100 万元源于矩阵左上方的过去创造价值的机制，即由人力资源、组织架构、用户、供应商等组成的特定的商业模式帮助企业创造了价值。

大多数投资者也对企业将来能够创造的价值感兴趣，他们会通过了解过去创造价值的机制对企业的变化趋势进行预测，得出将来创造价值的机制。

另外，过去创造价值的机制将如何变化？这个变化如何体现在企业的发展战略中？创业者作为企业的管理人员，会如何改善当前业务？投资能否获得丰厚的回报？业务整合能产生多大的协同效应？这些也都是投资者在财务尽职调查过程中非常关心的问题。

财务尽职调查更多的是对过去创造的价值进行调查，考察企业的财务报告是否真实反映企业的经营成果便属于财务尽职调查的范围。财务尽职调查的工作成果会体现在企业调整后的财务报告中，成为投资者为企业估值的重要依据。

3.1.2　审核现金流、盈利和资产等事项

现金流是企业的现金流量，直接影响着企业发展的命脉。例如，京东曾

经连年亏损，但仍然得到了融资且在美股备受追捧，主要原因就是其拥有充沛的现金流；万科的成功也离不开对现金流的有效管理，可以说，万科优秀的现金流管理策略使其在收回账款和财务管理等方面受到业界的认可。

由此可见，现金流就像企业的护身符，一旦断裂，企业就处在危险的边缘。足够的现金流可以使企业恢复生机，也可以使企业拥有更多面对未来机遇与挑战的底气，这就是其真正的意义。投资者在投资前会对企业的现金流进行统计，剔除利润中带有水分的部分，以便更全面地了解企业的财务状况，判断企业的盈利情况。因此，创业者要配合投资者审核现金流，为其提供必要的资料。

与现金流有所不同，盈利数据可以直接体现企业利用现有资产创造收益的能力，是衡量企业价值的一个重要因素，同时可以反映管理层的管理水平和经营业绩。一般来说，企业的盈利能力越强，投资者的回报越多，企业越有投资价值，创业者越容易实现融资目标。

因此，盈利能力分析已经成为各利益相关者密切关注的内容，也是投资者做出投资决策的重要依据。在尽职调查过程中，创业者要向投资者提供盈利数据，将可以展示自身盈利能力的数据都展示给投资者，如客户体量、月度营业额、年度营业额等。

除了现金流和盈利能力，投资者还会对企业的资产进行考察。一般资产越多，企业创造经济效益的能力越强。在财务调查过程中，创业者要让投资者充分了解企业的资产，帮助投资者预测企业能为投资者带来的投资回报。资产涉及企业的经济效益、企业拥有或控制的资源、由过往交易或重大事项形成的收益等方面，创业者要为投资者提供相关资料。此外，资产明细表、大额货币资金流出和流入情况、应收和应付款项、现有存货、借款、抵押、对外投资等相关文件也都是投资者需要审核的，创业者应该积极配合。

3.1.3 向投资者展示土地使用权等主要财产

根据我国相关法律的规定，土地属于有偿出让使用权的资产，土地与其附属物必须一起出让、抵押。土地的价值取决于其权利状况，通过划拨方式与出让方式取得的土地、工业用地与商业开发用地、拥有 70 年使用权与仅有 20 年使用权的土地，最终的价值差距甚大。此外，抵押的土地与房产会受到转让限制，价值也会有一定的减小。

因此，投资者在进行尽职调查时会对土地使用权等主要财产进行审核，创业者要积极配合投资者完成这些审核。土地使用权等主要财产的审核分为以下 5 个方面。

（1）审核土地的使用类型（划拨、出让），判断其获取是否合法。

（2）审核受让、自建、租赁、出租等房产是否证件齐全。

（3）审核在建工程的手续是否完备、施工是否合规、工程是否存在负债等情况。

（4）审核设备等固定资产是否进行过登记。

（5）审核财产保险的种类是否全面，企业是否已经缴纳全部费用。

3.2　尽职调查之法务维度

如果说财务尽职调查是投资者的盾牌，那么法务尽职调查就是投资者的安全阀，可以帮助投资者判断企业有无违法行为，从而降低投资风险。法务尽职调查顺利，对创业者和投资者来说都有益处；法务尽职调查不顺利，投资者除了浪费时间和精力，通常不会受到其他重大影响，但创业者则很可能面临危机，如打击团队士气、损害企业名誉等。

此外，如果企业没有通过投资者的法务尽职调查，那么也不利于创业者继续开展融资工作。因此，创业者要重视法务尽职调查，提前把投资者需要的资料等准备好。

3.2.1　介绍企业的现状及历史沿革情况

投资者对企业的现状及历史沿革情况的调查通常包括以下 9 个方面。根据这 9 个方面，创业者应该提前准备好相关资料，以便进一步提升调查效率。

（1）企业大体情况：提供营业证件、章程、工商档案。

（2）历史沿革：介绍企业设立、股权变更、主营业务、资产及实际控制人的演变情况，以及每一次变更是否符合章程规定。

（3）项目审批：介绍固定资产与外资的引进，出示相关审批文件。

（4）营业执照：介绍是否变更登记、是否实缴出资、外资是否准入等内容。

（5）印章及银行账户：确定企业的银行账户名与预留银行印鉴是否一致。

（6）外商投资机构批准证书：确定外商投资机构批准证书是否与营业执照一致、是否进行变更审批。

（7）经营范围：确定是否已经获得许可、融资后是否需要更改。

（8）注册资本：确定实物与无形资产的出资是否符合出资程序。

（9）资产评估报告：审核评估机构的资质，确定是否履行备案程序。

3.2.2　提前核实股东与出资情况

在调查股东与出资情况时，投资者往往会从以下 9 个方面入手。创业者要充分了解这9个方面，配合投资者以更快的速度和更高的效率完成调查。

（1）出资协议与合资协议中是否有隐名股东、是否有股权代持的情况；找出实际控制人与关联交易；协议是否与企业章程、营业执照的内容一致。

（2）出资方式是否存在限制出资的情况。

（3）非货币资产出资：配合投资者调查政策性限制、估价和转移。

（4）股东是否依据法律或约定履行了出资义务。

（5）法定公积金是否按规定提取，是否违法分配利润。

（6）股权转让是否违反法律或约定的股权转让限制，如是否违反外资企业股权转让的特殊规定。

（7）是否存在股东向企业借款或抽逃出资的问题。

（8）股东出资、股权转让、增资、减资的股东会和董事会决议是否有未尽事项和争议。

（9）出资瑕疵及责任。

3.2.3　向投资者展示重大事件

为了让投资者充分了解企业是否合法经营，尽可能规避融资风险，创业者要向投资者展示重大事件，配合投资者对重大事件进行审核，具体包括以下几个方面。

1．重大债权、债务情况

在调查重大债权、债务情况时，投资者会向相关债权人、债务人进行取证，一般通过函证、谈话记录等方式进行取证。创业者要帮助投资者了解债务数额、偿还期限、附随义务等内容，同时要向投资者提供以下资料。

（1）长、短期贷款合同与借据，若为外汇贷款，则需包含外汇管理机构的批文及登记证明。

（2）担保文件和履行保证书。

（3）资产抵押清单，如土地、设备等资产抵押清单。

（4）已拖欠、被索偿或要求行使抵押权的债务及有关安排。

（5）有关债权、债务争议的文件。

2．重大合同

重大合同调查的 3 个方面如图 3-2 所示。

3．诉讼、仲裁或行政处罚

创业者需要配合投资者对企业的诉讼、仲裁或行政处罚情况进行调查，确定企业是否存在尚未了结的或可预见的重大诉讼、仲裁或行政处罚案件。同时，创业者要帮助投资者调查企业是否有因环境保护、知识产权、产品质量、劳动安全、人身权等产生的法律纠纷。

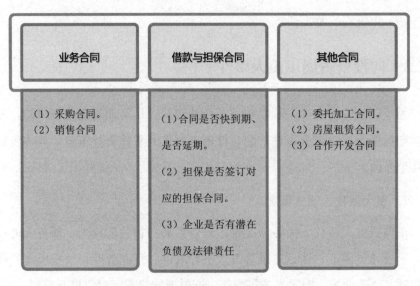

业务合同	借款与担保合同	其他合同
(1) 采购合同。 (2) 销售合同	(1) 合同是否快到期、是否延期。 (2) 担保是否签订对应的担保合同。 (3) 企业是否有潜在负债及法律责任	(1) 委托加工合同。 (2) 房屋租赁合同。 (3) 合作开发合同

图 3-2　重大合同调查的 3 个方面

4. 项目、交易授权合法性

项目调查通常分为 3 个阶段：立项、有效期、前置程序。交易授权合法性的调查分为 3 个方面：一是重大交易需对方同意，如抵押权人、质押权人等；二是安全调查，如外资并购产业的限制；三是反垄断调查，如经营者集中申报等。

3.3　尽职调查之业务维度

业务是促进企业发展的重要动力，也是创业者在融资过程中需要让投资者了解的部分。一次详细的业务尽职调查对内可以提升企业的管理水平，实现对团队的有效管理；对外可以为投资者提供所需信息，帮助投资者做出更科学的决策，从而在一定程度上降低融资难度。

3.3.1　企业情况：团队+产品+市场与风险

在进行业务尽职调查时，企业情况是非常重要的部分，主要包括团队、产品、市场与风险等多个方面。

1. 团队

投资者在对企业的基本情况进行了解时，首先要了解其团队。成熟、高效、稳定的团队是企业成长的基石，深刻影响着企业当下的运营和长远的发展。

首先，投资者会审查核心成员的任职情况及其是否有任职资格；其次，投资者会调查核心成员以前任职过的企业的运营状况和发展情况；再次，投资者会通过与核心成员就企业的发展规划等问题进行交谈，对其实际管理能力和工作态度进行了解；最后，投资者会考察核心成员的薪酬与兼职等情况。创业者应该了解投资者调查的内容，事先做好准备。

2. 产品

在尽职调查过程中，很多投资者都会对企业进行实地走访，参观企业的营业地点和技术研发实验室，了解产品的生产流程和生产设施是否先进、生产是否复杂等情况。如果企业处于网络信息服务行业，投资者就有更大概率要求进行实地走访。此时，创业者应该指导投资者亲自体验企业的产品，使其充分了解企业的生产情况，帮助其获取更多关于产品的有效信息。

3. 市场与风险

投资者在对企业的产品有了一定的了解后，可能会想要了解产品的市场，如了解企业正在经营的产品具体属于什么行业，国家或者地区对该行业的态度与扶持政策等。此外，投资者还想了解产品的市场规模、市场结构及市场分配情况。创业者要向投资者介绍市场情况，帮助其更深入地了解企业的市场战略。

在风险调查方面，创业者要安排投资者与相关人员谈话，使其深入了解企业经营过程中发生的重大事件及重大变动，并与同行业企业发生过的重大事件及重大变动做对比。同时，创业者要结合企业各方面的情况，对企业的业绩及持续经营可能带来的不利影响进行介绍，帮助投资者完成尽职调查，做出更科学、合理的投资决策。

3.3.2 对企业的股权现状进行分析

股权分析的重点包括股权变更及相关工商变更情况、控股股东或实际控制人的背景。

1. 股权变更及相关工商变更情况

股权变更情况的考察主要集中在股权变更是否合乎规范、股权变更的原因、股东是否放弃优先购买权、转股价款是否已经支付、股权转让是否符合法律程序等方面。创业者可以从这些方面入手，提前审核企业的股权变更情况，以便更顺利地应对投资者的尽职调查。

关于工商变更问题，创业者要知道，不是所有股权转让都需要进行工商变更登记的。如果股东之间的股权转让不会导致股东名称发生变化，就不需要进行工商变更登记，也不需要申请备案。如果企业在股权转让过程中改变了股东名称，就需要在完成股权转让后进行工商变更登记。

2. 控股股东或实际控制人的背景

信誉良好的控股股东或实际控制人对企业的持续发展有积极的作用，因此投资者在进行尽职调查时会重点考察其背景，如负责的主要业务、有多少注册资本、资产状况如何等。此外，创业者还要向投资者展示企业与主要控股股东或实际控制人之间的业务往来情况，如原料的供应、产品的合作研发、是否共同使用专利技术和知识产权等。

有些投资者可能还想了解主要控股股东或实际控制人为企业的发展提供了哪些支持，如资金支持、研发支持、市场拓展和技术支持等。如果企业有控股子企业，那么创业者可以主动把子企业的相关情况，如名称、主要业务、资产情况、财务情况、盈利与否等告知投资者。

3.3.3 通过行业发展方向突出企业的潜力

通过对行业发展方向进行调查，投资者可以更好地了解企业的潜力。这部分调查主要包括市场容量、监管政策、竞争态势、利润水平4个方面。

（1）市场容量。在调查市场容量的过程中，首先，创业者要让投资者了解企业生产的产品在目标市场中的销售情况；其次，创业者要向投资者展示目标市场的消费变化，分析同类产品的生产量、销售量，以及消费者的收入水平与消费习惯等；最后，创业者要配合投资者对市场容量进行定性分析和定量分析，综合判断产品以后可能呈现的销售趋势。

（2）监管政策。投资者也需要了解与产品相关的监管政策。一般来说，只有产品具有相应的资质，在市场中销售才会顺利，企业的业绩才有更大的增长空间。如果企业违背了相关规定，就会被处罚。

（3）竞争态势。全面的尽职调查通常包括对竞争态势的分析，即确定企业的主要竞争对手及该竞争对手对企业而言的战略地位，同时要确定主要竞争对手的优势与劣势。在业务尽职调查过程中，创业者应帮助投资者清晰地认识企业的竞争态势。

（4）利润水平。利润水平能反映企业的经营状况、体现企业盈利与否，主要涉及成本利润率、产值利润率、资金利润率、销售利润率、工资利润率等一系列指标。创业者应该向投资者说明各种利润率之间的关系，以及企业提升利润水平的途径，从而赢得投资者的信任。

3.3.4　展示企业的业务经营情况

对创业者来说，配合投资者对企业的业务经营情况进行调查是很有必要的，可以更好地帮助投资者对客户、供应商、竞争对手的情况有深入的了解。

1. 客户、供应商的情况

客户往往对企业与产品有着最直观的反馈，在尽职调查中，这些反馈可以作为投资者了解企业与产品的优势、弊端的突破口。一家客户群体庞大的企业无疑有良好的经营状况和较好的发展前景，其管理团队通常也会有出众的管理能力和较强的决策能力。

供应商的数量从侧面反映了企业的经营状况。创业者要明确一点：供应商的数量不是越多越好，而应该维持在一个合理的范围内。同时，企业要有稳定的长期协作供应商。这些供应商通常拥有某产品的特色生产工艺，综合竞争力更强。稳定的供应商对企业的发展大有裨益，可以帮助企业吸引更多投资者。

2. 竞争对手的情况

创业者在应对投资者的尽职调查时，要让投资者了解企业所在行业竞争对手的数量及其经营状况。首先，创业者要向投资者说明竞争对手的数量，并找出几个主要竞争对手进行对比分析；其次，创业者要介绍竞争对手的基本情况，包括年生产能力、实际年产量、年销售量、所占市场份额等。这样可以使投资者了解竞争对手的状况，以便对企业有更准确的判断。

3.4 关于尽职调查的其他重要事项

为什么有些创业者能够获得投资者的信任？一个非常重要的原因是他们会配合投资者对企业进行充分的尽职调查，帮助投资者完成估值工作。在进行尽职调查时，创业者和投资者都有一些重要事项需要注意，否则很可能影响尽职调查的结果。

3.4.1 处理好资料提交事宜

资料提交即创业者提供相关内部资料，投资者会以创业者提交的资料为基础，整理提问内容，并进行管理层访谈。在尽职调查中，资料提交大致可以分为初期资料提交，以及创业者和投资者开始实质性接触后的正式资料提交两种。

初期资料提交大多发生在尽职调查前或者项目启动会议前，这一阶段提供的是基本资料，通常不会给创业者造成过大的压力。投资者作为尽职调查的实施方，仅需要收集能够掌握企业基本情况的信息即可。在尽职调查开始一段时间后，随着管理层访谈的展开，参与人数不断增多，此时就可以进入正式资料提交阶段。

正式资料提交会贯穿尽职调查的全过程，内容涉及方方面面。在尽职调查过程中，创业者每天可能有数百项资料需要提交。面对这种情况，如果创业者没有建立有效的应对机制，就可能造成大量工作积压，从而影响融资效率和进程。

从创业者的角度看，资料提交有以下几个注意事项。

（1）要求投资者尽早提交尽职调查清单（电子版或纸质版），明确各项资料的使用目的，并要求投资者注明顺序。

（2）将资料提交给投资者后，配合投资者当场检查资料，核实资料是否符合使用目的。

（3）如果创业者无法向投资者提供其所需的资料，那么需要向投资者说明理由。双方可以通过协商寻找合适的解决办法，如延长期限、用其他相似资料代替、合理推测必要信息等。

3.4.2　管理层访谈的技巧

与资料提交相比，管理层访谈可以让投资者更深入地了解企业，也可以帮助投资者获取公开披露以外的信息，了解各部门之间的沟通情况及其对企业发展产生的影响。企业也可以借此机会向投资者展示企业文化。

在进行管理层访谈时，投资者需要注意以下几个事项。

（1）做好充分的准备，在有限的时间内获取更多重要的信息。对于那些可以从资料中得到答案的问题，投资者不必在访谈中再次提出。因此，投资者应提前通读企业已经提交的资料，并提前将所要提问的问题告知管理层员工，使双方在明确访谈核心的基础上高效地沟通。此外，投资者应要求接受访谈的管理层员工言简意赅地表达，不要浪费过多的时间。

（2）答案要具体，按照事先设定的假设，力求将讨论的话题具体化。如果管理层员工对于问题的回答很笼统、模糊，就会影响投资者对企业的判断。当访谈内容涉及复杂交易时，如果有必要，那么投资者可以使用事先准备的图表等工具辅助访谈，以便进一步提升访谈效果。

（3）营造轻松的访谈氛围。需要注意的是，管理层员工在法律上没有必须向投资者提供企业内部信息的义务。因此，在尽职调查过程中，投资者应与管理层员工建立良好的关系，营造可以让双方轻松交流的氛围，管理层员工在轻松的氛围中给出的答案会更加客观、真实。

（4）打破话题限制，向管理层员工提出一些比较另类的问题，如"如果您是企业的领导者，会投资什么行业呢""如果您是创业者，会如何对企业进行改革呢"等。这样可以打破桎梏，推动思维创新，开创新格局，为以后企业估值的提升提供启发。

在接受管理层访谈时，管理层员工需要注意以下事项。

（1）态度诚恳，小心谨慎。无论企业的业务多么繁忙，在接受管理层访谈时，管理层员工都应认真、诚恳，但要注意不要多说、误说，应保持头脑清醒。

（2）在接受管理层访谈后，管理层员工应根据自己的回忆，将投资者提问的问题与自己的回答以文本形式留存下来，避免日后产生争端时无据可依。

第4章

股权分配方案与控制权维护

有些创业者融资失败，一个很大的原因是没有充分认识到股权的重要性，没有做好股权分配工作。而成功融资的创业者往往十分关注股权问题，通过设计科学的股权分配方案牢牢地掌控企业的控制权。由此可见，股权对创业者来说非常重要。本章从股权分配方案与控制权维护方面出发，深入剖析其中的奥秘。

4.1 股权架构的设计

很多企业在经营几年后实现了盈利，并成功引入投资者，但对股权架构的设计没有概念，不知道应该如何维护企业和投资者的关系。股权通常代表企业的所有权，谁拥有的股权越多，谁对企业的控制力就越大，这就要求创业者必须重视股权架构的设计。

4.1.1 均分式股权架构坚决不可取

在股权的多种分配方式中，危害最大的一种就是均分式股权架构。因为在企业的创立和运作过程中，每个股东所发挥的作用是不一样的，所做的贡献也是不同的。如果将股权进行均分，就很容易形成股东的贡献和收益不对等的情况，一旦股东之间产生矛盾，就会因为股权均等而使矛盾难以被轻易化解，最终影响企业的发展。

例如，某企业 3 位创始人的股权比例分别是 34%、33%、33%。也就是说，

3 位创始人都没有最终决策权，只有其中两个创始人意见一致，才能做出决策。两个创始人各占 50%的股权也是类似的情况。这种均等的股权分配是不合理的。

在企业发展过程中，每个股东对企业的贡献是不同的，如果股权均等，就意味着股东贡献与股权比例不匹配，影响股东之间的团结协作和收益公平，会引发股东之间的矛盾。此外，在均分式股权架构中，如果没有核心股东，就容易引起股东之间的矛盾。均分式股权架构的危害如图 4-1 所示。

图 4-1　均分式股权架构的危害

企业要尽力避免均分式股权架构，减少和避免出现因企业内部股东存在分歧而影响企业整体发展的情况。

4.1.2　股权绑定与分期兑现

某企业的启动资金为 100 万元，其中一位股东出资 40 万元，拥有企业 40%的股权，但他在工作半年后离职。因为此前尚未实行股权绑定与分期兑现制度，企业无法依照合理的价格回购该股东的股权，所以该股东可以继续享受分红而不用付出任何劳动，这对其他股东来说是不公平、不合理的。

在大多数企业中，创始团队成员早期的出资不多。在企业的发展步入正轨后，创始团队中的某位成员选择退出，不仅会给企业的运营造成极大干扰，还会给企业带来重创。因此，在进行股权分配时，企业应该进行股权绑定，设计分期兑现制度，与全职服务期限挂钩（通常为 4 年）。

例如，某企业的股东钱某持有 30%的股权，分 4 年兑现，各年份的兑现比例分别为 20%、25%、25%、30%。如果一年后钱某离开企业，那么他最多只能得到 6%（20%×30%）的股权，未兑现的股权将会以 1 元/股或者法律允许的低价被转让给投资者或其他创始人。这种方式可以防止股东突然离开而带走大部分股权的情况发生。

再如，A、B、C 一起创业，股权比例是 6∶2∶2。在企业运营一段时间后，C 觉得企业的发展潜力不大，选择退出。但是，他手上有 20%的股权，如果企业后期发展良好，那么他便能坐享其成，这样对其他股东而言是不公平的。对此，企业可以实行分期兑现制度，约定股权 4 年成熟，每年成熟 25%。C 在一年后离开，可以获得的成熟股权为 5%（20%×25%），剩下的 15%的股权的处理方法有两种：第一种，强制分配给 A、B；第二种，以不同的价格出售给 A、B。

在融资协议里，分期兑现制度的通常表述如下："经创始人同意，只要创始人持续全职为企业工作，其所持有的全部股权就可以自本协议生效之日起分 4 年成熟，每满两年兑现 50%的股权。若从交割之日起 4 年内，创始人从企业离职（不包括因为不可抗力离职的情况），则需要以 1 元/股的象征性价格或者法律允许的低价将其未释放的股权转让给投资者或投资者指定的主体。"

设立分期兑现制度对企业的好处有以下两个。

第一，公平。有付出才有收获，坐享其成是不被允许的。

第二，有利于企业吸引新的人才。如果高层管理人员退出，企业就要找其他人来弥补职位空缺。

如果企业的股权已经分配完毕，但是前高层管理人员还拥有很多股权，那么新任高层管理人员是不会接受的。因此，企业要实行分期兑现制度，以保障公平和吸引更多优秀的人才。

4.1.3　设计股权架构的 3 种方式

股权架构的设计与股权分配息息相关，设计股权架构的方式有以下 3 种。

1．股权预留制度

在企业发展的过程中，会有新投资者加入，而新投资者的股权分配是一个重要的问题。创业者在企业创立初期就要考虑到这一点，提前制定股权预留制度。

创业者需要在前期就预先准备好充足的股权份额，这样才能够在后期招揽人才或引入投资者时，拥有相对明显的优势：一方面，体现出企业对人才或投资者的重视；另一方面，体现出企业有发展壮大的规划。

2. 双层股权架构

双层股权架构其实是"同股不同权"的一种表现形式，京东的股权架构便采用了这种模式。其具体的做法如下。

京东将股票分为两类：A 类股和 B 类股。两类股票在利益分配上是对等的，股权所有者可以享受相应比例的分红；但在股权表决上，A 类股 1 股只代表 1 票，而 B 类股 1 股代表 20 票。在这种股权架构下，即便 B 类股股东的持股比例不足 50%，也拥有对企业的绝对控制权。

一些新创立的科技企业常常需要在短期内大规模扩张，因此需要大量资金注入。资金的大量注入很容易稀释创始人及其团队的股权，致使控制权旁落，最终影响企业未来的发展。双层股权架构能避免这一问题的出现，由于阿里巴巴、京东均采用了这样的股权架构，因此其创始人在融资过程中可以继续掌控企业的经营大权。

3. 虚拟股权激励制度

华为的 14 万多名员工拥有超过 99%的股份，任正非本人所持有的股份不到 1%。华为的股权设计以虚拟股权激励制度为基础，即授予激励对象一种虚拟的股权。假如企业实现业绩目标，激励对象便可以获得一定价值的分红及部分增值收益。虚拟股权没有所有权与表决权，且不能转让和出售，一旦激励对象离开企业，股权就会自动失效。

持有虚拟股权的员工因为享有特定企业的"股权"，从员工变为"股东"，所以会减小出现道德风险和逆向选择的可能性。同时，由于虚拟股权的激励对象为核心员工，因此核心员工可以感受到企业对自己价值的肯定，产生巨大的荣誉感。

4.2　制定与优化股权分配方案

为了让投资者感到自己获得的回报是合理、公平的，从而集中精力为企业做贡献，创业者需要制定与优化股权分配方案，实现股权价值的最大化。此外，创业者还要打造员工激励池，激发整个团队的活力，让员工更努力地工作。

4.2.1　股权分配的核心：身份+出资额+贡献

对创业者来说，融资不是获得资金就万事大吉了，还需要考虑股权分配问题。创业者要对股权进行科学、合理的分配，以吸引更多优秀的投资者。

在分配股权时，创业者应该考虑如图 4-2 所示的几个因素。

图 4-2　股权分配应考虑的因素

在如图 4-2 所示的几个因素中，对股权分配影响最大的是创始人身份。创始人身份即 CEO 身份，创始人往往独占一定比例的股权。在项目发起时，创始人通常是创意的来源和项目的牵头人。创始人对自己的项目最具使命感，可以根据实际情况获得更多股权。而发起人凭借发起人身份获得的股权比例要小于创始人，一般为 10%左右。

出资额的多少会影响各类股东的股权比例，这就要求创业者在分配股权时将出资额考虑进去。根据出资额分配的股权比例通常不应该超过 20%。

贡献是指股东能给企业带来的预期业绩贡献。一般只有全职股东才能够获取这部分股权，比例一般为 45%左右。创业者需要根据职位和业务导向确定相关人员的股权比例。创业者也可以根据贡献的变化对股权比例进行调整。

合理的股权分配方案既能体现企业对人才的重视，又能兼顾早期发起人资本投入的情况，避免传统股权分配中由出资比例决定股权比例的弊端。

在大众创业时代，创业者需要可以共同打开市场的合作伙伴，如合伙人、投资者、高素质人才等。如果股权架构的基础不够牢固，那么创业者在企业发展后期可能需要付出很大代价来纠正错误。有时，这种错误导致的后果甚至是无法挽救的。因此，创业者要合理分配股权，不断完善企业的股权架构，这样才能吸引合伙人、投资者、高素质人才等主动进入企业。

4.2.2 根据实际情况调整股权分配方案

海底捞是一家采用直营模式的民营餐饮企业，在发展期间，几经波折，最终成为一家大型餐饮企业。它的成功与其股权架构的调整是分不开的。

海底捞有 4 位创始人，在创立海底捞时，4 位创始人的地位都是一样的，相当于股权均分。后来，4 位创始人两两结成夫妻，两对夫妻各占股 50%。在这一阶段，海底捞的股权为两家均分。

之后，4 人中的张勇在企业管理中相对强势，逐渐参与更多企业事务的处理。他认为，另外 3 个股东跟不上企业的飞速发展，先后让他们离开企业。他先让自己的太太辞职；2004 年让施永宏的太太离开公司；2007 年让施永宏离开，并以原始出资额的价格从施永宏夫妇的手中购买了 18% 的股权，最终成为企业的绝对控股股东。

随着股权架构不断完善，虽然海底捞在之后的经营和发展中遇到了许多困难，但凭借张勇的决策和股东的配合，海底捞顺利化解了这些风险，并逐渐发展壮大。

不是所有企业在股权分配上都能够像海底捞那样完成模式转变的，为了企业的发展，股权架构的搭建一定要科学、合理。已经采取均分式股权架构的企业需要以更科学、合理的分配方法重新分配股权，以便实现飞速发展。

4.2.3　制订员工激励池计划

创业者应当在创立企业初期就认识到员工激励池的重要意义，并在此基础上考虑如何制订员工激励池计划。员工激励池是一种人才策略，通过让激励对象获得期权、股权或者相应的经济收益，使他们的权益与企业的利益保持一致，从而使他们为企业的长期发展积极、主动地努力工作，他们也能够根据贡献享受企业的成长收益。

股权激励有两种常见的类型：期权激励和限制性股权激励。

1．期权激励

期权是指在满足一定的条件时，员工可以以约定价格购买股票的权利。获得期权不等于获得股权，因为只有员工满足一定的条件，且员工看好企业的前景并出资购买后才真正获得股权。

期权激励的步骤：第一步是授予，即企业与员工签订期权协议，约定好员工获得期权的基本条件；第二步是成熟，即员工满足一定的条件，如完成工作业绩指标、达到 4 年服务期限等，获得以约定价格购买股票的权利；第三步是行权，即员工按照约定价格购买股票，将期权变成真正的股权；第四步是变现，即员工拿到股权后通过分红、分配企业被并购价款或者在市场公开交易等方式获得收益。

那么，企业应该如何制订相应的期权激励计划呢？期权激励计划的制订方法如图 4-3 所示。

（1）被授予期权的主要人群应当为创业合伙人、中高层管理人员、核心员工等。向创业合伙人授予期权可以解决早期股权分配不合理的问题。中高层管理人员和核心员工为企业做了很多贡献，应该被企业授予期权，享受分红。

（2）发放期权的时间与节奏是有讲究的。例如，对于创业团队的核心员工，在磨合期过后发放期权最佳；对于非核心团队的普通员工，等企业发展到一定规模时再发放期权最佳；而对于后续进入企业的人才，也需要给他们预留足够的期权。

图 4-3　期权激励计划的制订方法

（3）创业企业的期权池一般为 10%～20%，互联网企业的期权池比其他行业企业的期权池要大一些。具体到每个项目，需要考虑企业本身的成长规模、成长阶段和估值差异等。在确定期权池总量后，创业者还需要规划每个岗位的期权发放量。在发放期权时，创业者可以先按照部门分配，再具体到每一个岗位。同一个岗位的员工进入企业的时间不同，被授予期权的多少也应当不同。

（4）成熟条件是指员工行权需要满足的条件。常见的成熟条件是时间成熟机制，即员工在企业服务满一定期限后才可以行权。第一种：成熟期为 4年，每年兑现 25%。第二种：满两年后成熟 50%，之后每年兑现 25%，4 年全部兑现。第三种：第一年兑现 10%，之后每年兑现 30%，4 年全部兑现。

（5）通过期权激励的方式获得的股权不是免费的，员工需要根据约定价格购买股票。与投资者购买股票不同的是，员工行权购买股票只需要支付很少的钱。也正因如此，员工才对行权有非常高的积极性。

2. 限制性股权激励

限制性股权是指企业直接赋予激励对象的有多种权利限制的股权。企业直接授予激励对象一定数量的股票，激励对象需要满足工作年限或业绩目标等设定条件才能在市场上出售股票。

期权激励与限制性股权激励的区别如表 4-1 所示。

表 4-1 期权激励与限制性股权激励的区别

激励方式	定　义	适用对象	特　点
期权	是指在满足一定的条件时，员工可以以约定价格购买股票的权利	大范围的员工	逐步推进，有利于企业的稳定
限制性股权	是指企业直接赋予激励对象的有多种权利限制的股权	小范围的合伙人、高层管理人员、早期骨干人员	激励对象直接成为受益人，但可能导致股权分散

限制性股权激励有两个特点：一是激励对象直接获得可流通的股票；二是激励对象出售股票有限制条件，如达到一定的工作年限、完成业绩目标等。此外，限制性股权激励无须激励对象付出现金，但激励对象持有的股票有严格的归属期、授予日、锁定期等限制条件，这些限制条件可以使激励对象将时间和精力集中于企业的长期战略目标上。

4.2.4　跟着 Facebook 学习股权分配

Facebook 创始人之间的股权是这样分配的：马克·扎克伯格占 65%，爱德华多·萨维林占 30%，达斯汀·莫斯科维茨占 5%。马克·扎克伯格是 Facebook 的开发者，也是一个意志坚定的领导者，因此拥有 65% 的股权。爱德华多·萨维林懂得如何通过产品盈利，而达斯汀·莫斯科维茨则懂得如何吸引更多用户。

Facebook 创始之初的股权分配没有问题，但在后续发展过程中出现了一个小插曲，因此股权分配发生了变动。由于爱德华多·萨维林不愿意放弃学业并将全部精力投入企业中，而他又拥有30%的股权，于是在新的投资者不断加入时，就只能减少爱德华多·萨维林的股权。

马克·扎克伯格减少爱德华多·萨维林股权的做法是正确的。一方面，因为股东理念不合，必须有一个领头人；另一方面，股东贡献少，股权就一定不能太多。与此同时，马克·扎克伯格意识到天使投资可以帮助企业把产品和商业模式稳定下来，于是开始寻找天使投资。

马克·扎克伯格通过朋友认识了天使投资者彼得·泰尔，获得了 50 万美元的天使投资。而彼得·泰尔获得了 Facebook 10% 的股权。不到一年，Facebook

通过 A 轮融资获得阿克塞尔公司投资的 1270 万美元。

2012 年，Facebook 在美国纳斯达克公开上市。Facebook 在上市时使用了投票权 1∶10 的 AB 股模式，马克·扎克伯格拥有 28.2%的表决权。此外，他还和主要股东签订了表决权代理协议，在特定情况下，他可以代表这些股东行使表决权。这意味着马克·扎克伯格掌握了 56.9%的表决权。Facebook 的股权架构确保了马克·扎克伯格可以掌控企业，保证企业的长远利益。

股权不均分的优点如图 4-4 所示。

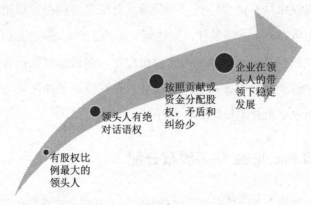

图 4-4　股权不均分的优点

Facebook 的案例表明，企业要想稳定经营，必须有一个股权比例最大的领头人。在经过融资并给投资者分配股权后，领头人应依然拥有最大比例的股权，对企业拥有绝对话语权，这样才能保证领头人对企业的经营与发展有较大的控制权。

4.3　新型的动态股权分配

一套合理的股权分配方案能把创业者、投资者、股东、高层管理人员、基层员工凝结成利益共同体，把一个人的梦想变成一群人的梦想，因此股权分配问题关系到企业的生死存亡。传统的静态股权分配已经难以适应时代的发展，随之崛起的是新型的动态股权分配。为了顺应时代潮流，创业者有必要对其进行了解。

4.3.1　设置分配股权的里程碑

里程碑是指企业发展过程中重要的进度点，可以作为股权分配的依据。创始人可以通过设置里程碑达到动态股权分配的目的。目前，比较常用的里程碑有两个，分别是产品研发突破某个困境，以及销售额、盈利、用户数达到某个数值。

1. 产品研发突破某个困境

不同的企业在设置里程碑时，应该考虑企业所处的发展阶段，以及企业的类型。例如，产品导向型企业需要根据产品研发、市场推广等情况设置里程碑。某企业的一个里程碑就是产品成功研发并通过测试。这意味着，该企业十分重视产品研发及产品何时突破困境。

由于企业要研发好的产品，因此人力、物力都会向研发部门倾斜，负责研发的合伙人也要承受极大的压力。在这种情况下，如果产品的里程碑顺利达成，那么负责研发的合伙人有资格得到与自己贡献相匹配的回报。

2. 销售额、盈利、用户数达到某个数值

除了产品研发突破某个困境，销售额、盈利、用户数达到某个数值也可以作为里程碑。例如，某企业的里程碑有以下 3 个。

里程碑 1：产品连续 3 个月的销售额达到 X 万元。

里程碑 2：产品持续盈利，市场占有率达到 Y%。

里程碑 3：做好产品宣传和推广，使用户数达到 Z 个。

在完成里程碑 1 的过程中，销售部门的重要性持续上升，负责这部分工作的人将做出更大贡献；在完成里程碑 2 的过程中，市场部门付出了努力，工作强度加大；在完成里程碑 3 的过程中，负责营销的人变得更关键，发挥的作用更大。

面对不同的里程碑，创始人需要衡量不同部门的贡献，并据此为其分配股权。在设置里程碑时，除了需要考虑企业对未来的规划，创始人还应该考虑在不同发展阶段，部门、员工、股东、投资者对企业的希望和期待。

对企业而言，每一个里程碑都代表着一份心血，都是一步一个脚印逐渐完成的。从本质上看，动态股权分配能够激励股东、投资者、员工等走正确的道路和发挥更高的积极性，同时给予各方与其贡献等值的回报。

在企业经营过程中，里程碑相当于分水岭。如果掌握了设置里程碑的技巧，那么每完成一个里程碑就意味着企业进入一个全新的发展阶段。为了适应新的发展阶段，企业需要对股权分配进行调整，这非常有必要，也非常有意义：一方面，有利于肯定各方做出的贡献，激发各方的潜力；另一方面，可以促进整体效率的提升，推动最终愿景的实现。

4.3.2　有原则地记录各方所做的贡献

随着企业不断发展，各方对企业所做的贡献也在发生变化，创业者需要对各方所做的贡献进行记录，以公平分配股权。对企业来说，投资者投入资金是一项非常重要的贡献，但除此以外，还有一些贡献不能忽视，具体如下。

（1）工作时间。投资者对企业最重要的贡献是工作时间。因为即使企业具备了丰富的物质资源，但没有人经营，企业也不会有所发展。估算工作时间价值的方法很简单，创业者只需参考当前人才市场的通用工资标准即可。例如，人才市场中同样的岗位、有相同教育背景和工作经验的人的工资就可以作为投资者工作时间价值的参考。

（2）现金或实物资产。现金是价值最明确、不需要估值的贡献，只需要按照具体金额进行折算即可。所谓万事开头难，创业起步阶段对现金的需求非常迫切，尤其在项目前景不明朗的情况下，投入大量现金的风险非常高。而随着企业进一步发展，明朗的前景会吸引大量投资者，此时现金的重要性就不及创业初期了。因此，创业者在折算创业初期的现金贡献时，要使其大于实际金额。

实物资产的价值可以由专业的评估师进行评估，但创业者心中对此要有一个大致的了解。一般来说，如果是全新的实物资产，那么可以按购买价格折算；如果是使用过的实物资产，那么可以参照当前二手产品的价格折算。

（3）办公场所。企业要有一个"根据地"，有些企业只需要租用一间办公室，有些企业还需要租用仓库或店面，这些都是必不可少的财务支出。如果投资者能够提供场地，就相当于为企业节省了这部分财务支出。企业应该给却未给的这部分场地租金就是投资者的贡献。需要注意的是，多余的场地和不以营利为目的的场地的租金不能算作贡献。

（4）创意。可以作为贡献的创意是指在单纯的主意之上经过反复思考与研究、最终形成的成熟的商业方案，或者初步想法已落实、进入开发阶段的原始产品。想出一个创业主意不难，难的是将这个主意转化为实际的商业方案。这个转化过程需要大量的前期工作来支撑，这些工作才是投资者为企业做出的贡献。

（5）专用技术或知识产权。专用技术或知识产权属于无形资产，是企业发展的关键因素。如果投资者能为企业提供此类资产，那么创业者应该参考市场价值将其折算成投资者对企业的贡献；如果投资者不是转让，而是授权企业使用专用技术或知识产权，那么许可费可以被看作投资者对企业的贡献，创业者可以按照企业应该给却未给的费用进行折算。

（6）可用于企业经营的人脉。在发展过程中，企业需要一些人脉，这些人脉可以帮助企业更容易地实现融资目标、寻找合作伙伴、打开销售渠道等。有些投资者能够为企业提供人脉，节省企业建立人际关系的成本。创业者可以从人际关系带来的收益出发，采用不同的折算方式。如果投资者的人脉帮助企业实现了融资目标，企业应该向其支付一定的佣金，这部分该给却未给的佣金就可以作为投资者对企业的贡献。

除了上述 6 种贡献，企业可能还需要一些短期资源，这些资源如果能帮助企业更健康地发展，就可以作为投资者对企业的贡献。总之，对企业来说，凡是企业运营发展需要而又没有用现金回报的资源，都可以作为投资者对企业的贡献。

4.3.3　重视股权转让限制

对投资者转让股权的权利进行限制是降低投资者退出所带来的影响的方

式之一。比较常用的股权转让限制的方式主要有以下 3 种。

1. 在股东未认购时不得向非股东转让股权

很多人认为，既然投资者想退出，那么把他的股权转让就行了，为什么还要做出一些限制呢？因为当企业的上市预期不明朗时，如果投资者退出并把股权转让给非股东，尤其是经济实力比较强大的非股东，那么这个非股东以后也许会把整个企业都买下来，从而损害股东和创始人的利益。因此，对股权转让进行限制其实是在保护股东和创始人的利益。

2. 企业不回购，让其他股东优先购买

在投资者进行股权转让时，企业不回购，让其他股东优先购买也是一种不错的限制方式。一方面，创始人让其他股东按照股权比例享有优先购买权，可以防止自己的股权被过度稀释；另一方面，其他股东可以自愿优先购买全部或者部分股权。从表面上看，第一个方面更有利于创始人，第二个方面更有利于投资者，但归根结底，这两个方面都有利于维持企业的稳定和正常运营。

需要注意的是，虽然其他股东可以优先购买股权，但要有时间限制。如果其他股东享有优先购买权而没有时间限制，就会造成交易资源的浪费，甚至会进一步危及交易的安全。因此，为优先购买权设置一个合理的时间限制非常重要。

3. 其他股东不购买，可以转让给第三方

股东在转让股权时，必须通过一定的程序向其他股东发送股权转让通知，并表明转让的股权比例、转让的价格等内容，同时要求其他股东在规定时间内给出答复。

如果其他股东同意购买股权，那么在企业内部完成转让程序即可。如果其他股东不购买股权，就视为他们同意将股权转让给第三方，并且放弃享受优先购买权。

在将股权转让给第三方时，企业应该注意三大要点：第一，一旦涉及国有资产，需要遵守《国有资产评估管理办法》的规定；第二，股权转让的价格通常不能低于该股权所包含的净资产的价格；第三，股权转让的具体操作

应该符合企业章程的相关规定。

4.4　创始人的控制权一定不能丢

在分配股权时，创始人的控制权一定不能丢，因为企业必须有一个可以拍板的领导者，这样才能更好地把握发展方向和经营战略，进一步激发团队的信心和动力。

4.4.1　创始人占据股权的主导地位

创始人在企业中占据股权的主导地位，对企业的运营和发展有着清晰的规划和设想。在分配股权时，创始人一般会获得更多股权，以便对企业的运营和发展产生更大影响。下面通过一个案例对此进行说明。

在项目进行的过程中，营销总监李某离职，并创立了一家同类型企业。刘某发现后，将杨某、陈某召集在一起，商量对策。刘某认为，为了避免在后期受到竞争对手的影响，融资时间应该提前。杨某、陈某则提出反对意见，他们认为，即使同类型企业出现，也不一定有实力与自己的企业正面竞争。

由于刘某的股权只有 48%，没有对企业的绝对控制权，因此只能接受杨某、陈某的意见。此后两个月，越来越多的信息证实李某已经拿到大额融资，并在大量招聘员工。在与另两人商量无果的情况下，刘某表示愿意以 5 倍价格从杨某、陈某手里购买股权。

陈某当时急于用钱，便出让了自己10%的股权。至此，刘某、杨某、陈某的股权比例变为58%、34%、8%。拥有了58%股权的刘某立即召开股东会，通过了立即融资的决定。由此可见，创始人拥有的股权越多越好，有利于其快速做出决策，避免贻误时机。

4.4.2　通过有限合伙企业把持股权

有限合伙企业是由普通合伙人和有限合伙人组成的合伙企业，其中，普通合伙人承担无限连带责任，有限合伙人根据其出资额承担有限责任。在这种合伙模式中，虽然普通合伙人承担无限连带责任，但可以作为事务执行人对外代表企业，并掌握绝对决策权。而有限合伙人虽然可以获得分红，但没有决策权和对企业的控制权。

有限合伙通过分离投票权与股权、决策权与分红，让创始人轻松掌握控制权。此外，借助特有的内部治理机制，有限合伙还能降低运营成本、提高决策效率。投资者如果通过有限合伙企业持有股权，就可以随意转让自己的股权，也可以自由地退出。这种在获得收益的同时可以自由退出的投资模式，将对投资者产生更大的吸引力。

创始人可以自己或让自己名下的企业在有限合伙企业中担任普通合伙人，让投资者在有限合伙企业中担任有限合伙人，从而控制有限合伙企业，获得更多控制权。有限合伙人享有分红权，但不参与日常管理决策，也无法控制企业。

需要注意的是，一旦创始人的婚姻状况发生变化，稍有不慎，就会失去股权及对企业的控制权。因此，要想保证股权和控制权的稳定性，创始人可以创立有限合伙企业或对投票权进行合理的设计，如签订投票权委托协议、股权代持协议、一致行动人协议等。

4.4.3　签订投票权委托协议

京东在美国纳斯达克上市之前，已经进行了多轮融资，刘强东持股 18.8%。为了保障自己对京东的控制权，刘强东采用了一种比较好的方法：与 DST、红杉资本、中东投资者、高瓴资本、腾讯等大股东签订投票权委托协议，在京东上市前获得 51.2% 的投票权。

创始人通过和投资者签订投票权委托协议，能够获得更多表决权。在签订投票权委托协议之后，投资者的表决权全部让给了创始人，但依然享有分红权、增值权和处置权等多项权利。

4.4.4 签订股权代持协议

除了签订投票权委托协议，签订股权代持协议也是创始人保障自己控制权的方法之一，即创始人通过股权代持协议代持激励对象或投资者的股权。

虽然被代持的股权名义上属于创始人，但法律上还是属于激励对象或投资者。创始人可以在一定程度上代替被代持股权的激励对象或投资者行使投票权，但存在潜在的法律风险。

此外，因为企业在上市时必须有明晰的股权架构，所以对即将上市的企业来说，股权代持协议一定要谨慎签订。

4.4.5 签订一致行动人协议

签订一致行动人协议是为了保护创始人对企业的控制权。签订一致行动人协议相当于在企业股东会之外建立一个由部分股东组成的"小股东会"。在讨论某一事项时，"小股东会"会事先给出一个结果作为唯一对外的意见，用于决定这一事项是否进行，这样可以达成增强创始人控制权的目的。

如果有人做出相反的决定，或者违背一致行动人协议，那么其他签约人有权在法律允许的范围内根据具体内容对其实施惩罚。

例如，2022 年 1 月 10 日，陕西某电器企业的创始人与其他股东签订了一致行动人协议，至此，这位创始人与其他股东共同持有的股权，占企业总股权的 22.56%。他们签订的一致行动人协议主要包括一致提案和一致投票行动，而双方作为企业的股东所享有的股票处置权、分红权、查询权等权利不受影响。

第5章

吸金商业计划书撰写指南

有时，创业者的项目很有发展前景，却没能顺利融资，一个很重要的原因就是商业计划书不够有吸引力。一份优质的商业计划书往往可以为创业者的融资过程保驾护航，让整个项目拥有全新的意义。然而，对创业者来说，撰写商业计划书是一个巨大的挑战。为了更好地应对这个挑战，创业者必须掌握一些有效的技巧，制定完善的商业计划书撰写策略，撰写出一份有吸金能力的商业计划书。

5.1 商业计划书的核心内容

随着项目不断增多，投资者对商业计划书的要求越来越高。创业者需要掌握一些与商业计划书有关的知识，了解商业计划书的核心内容，这样才可以撰写出令投资者满意和信服的商业计划书，从而顺利获得资金和资源。

5.1.1 行业情况分析

投资者在投资时，非常看重创业者对行业情况的分析，从而基于行业的发展潜力做出更精准的投资决策。因此，在商业计划书中，行业情况分析是必须有的内容。某石油企业在融资时向投资者展示了石油行业的发展潜力，并详细说明原因，具体内容如下。

石油行业的发展日益迅猛，其快速增长的主要原因有 3 个。

（1）以我国为代表的部分经济体的石油需求迅速增长，为保障石油资源的安全供应，在"走出去"战略强有力的支持下，石油行业会获得更好的发展。

（2）在高油价下，石油企业获得大量的石油美元。在勘探开发难度日益升高、老油田增产潜力有限的情况下，为了维持或提高储量接替率，石油企业更倾向于通过资本运作的方式将大量石油美元投资于低风险的市场。

（3）在高油价下，石油资源国更强调石油资源的重要性，纷纷调整石油政策，通过大型石油企业收购境内油气资产和中小型独立石油企业，整合更多石油资源。对石油行业来说，现在是进行战略调整的绝佳机会，也是催生更多资产交易的机会。

除了发展潜力，投资者在分析行业情况时还会关注以下几个重点因素。

（1）对于近几年比较热门、技术革新频繁的行业，投资者的投资意向往往比较强烈。如果是传统行业，而且市场比较成熟，短期内没有很多创新机会，那么投资者不会有太大的兴趣。

（2）行业内的竞争不是很激烈，还没有出现明显的垄断型企业，各参与者都有比较大的发展机会，或者都有机会做大、做强。对于此类行业中的企业，投资者通常比较青睐。

（3）行业内的技术、产品、商业模式等有明显的不足，目前尚无法满足生产力发展的需求和消费者的需求。这种行业往往正处于蓝海市场，企业可以从中挖掘更多商机。一些比较聪明的投资者会重点关注这种行业，希望可以找出高潜力企业。

（4）对投资者来说，行业规模肯定越大越好。换言之，如果过去几年某行业的规模高速增长，未来几年也有可能保持较大增长，该行业就值得投资。

好的行业会让投资者趋之若鹜，不好的行业则会让投资者避犹不及。有些企业虽然具备比较强的竞争优势，但因为处于不好的行业，所以无法顺利融资。而有些企业选择了非常有前景的行业，即使在其他方面表现得比较平庸，也会得到投资者的青睐。

5.1.2 产品与技术介绍

对一家企业来说，产品与技术就是发动机。在融资时，创业者只有让投资者充分了解企业在产品与技术方面的优势，才有可能引起投资者的兴趣和关注。

1. 产品介绍

在产品方面，投资者想了解产品如何解决用户的问题、解决方案是什么、用户选择这种解决方案的理由是什么、产品有什么特点、企业有哪些资源、产品的生产成本如何、用户数量与用户转化率如何、产品有无壁垒等问题。

亚马逊早期的产品非常典型：针对互联网用户，为那些热爱阅读的人提供便捷、低廉和多样化的即时服务。与传统书籍零售商不同，亚马逊是一家在线书籍零售商，能够以最快的速度提供上百万本书籍，充分满足用户学习与阅读的需求。

当然，像亚马逊这样发展得这么好的企业比较少，投资者也不会苛求企业必须有亚马逊的实力。但是，在分析企业的产品情况时，投资者内心有一些考量。

（1）投资者喜欢的产品有两个特点：用户对产品有很大的需求、未来可以大面积应用。如果用户对产品的需求不大，未来可预估的市场空间也很小，那么此类产品很难被投资者认可。

（2）受欢迎的产品通常性能优势明显，而且参数和应用数据相对于传统产品、市场现有产品有明显的竞争优势。此外，上下游用户、竞争对手对产品比较认可也是加分项。

（3）如果企业的早期产品是针对某个垂直领域开发的，并在这个垂直领域有一定的竞争优势，那么企业要融资就比较容易。如果企业的产品种类比较多，涉及多个领域，投资者就可能认为企业在早期不能集中精力于一个领域，从而对产品的质量和销售情况产生怀疑，并影响最终的投资决策。

（4）产品的毛利率高，企业更受投资者青睐。因为毛利率高意味着所能带来的收益更高。

2．技术介绍

在技术方面，投资者希望从商业计划书中看到企业有以下技术优势。

（1）技术创新能力在同领域占据领先地位。

（2）技术有一定的市场基础，并形成了成熟的应用标准，而且在现有的市场基础上可以快速拓展其他应用场景。

（3）研发能力强，有自主的知识产权（越多越好）。

（4）获得了国家高新技术认证、地方高新技术认证等。

（5）参与了某项技术标准的制定或起草，在行业内有一定的话语权和影响力。

在企业的发展基本稳定后，创业者就需要在产品与技术上不断发力。在此阶段，投资者对产品与技术的考核会偏重一些，因此创业者应在商业计划书中展示这部分内容。

5.1.3　商业模式介绍

投资者的投资目的是实现财富增值，而商业模式是他们格外关注的一部分内容。从本质上看，商业模式是"利润=收入-成本"，创业者要用简洁、清晰的逻辑将其展现在商业计划书中。投资者不是普通用户，他们深谙竞争规则，往往不需要常识性解释，只希望直接、清楚地看到创新点。表达创新点的着手点如图 5-1 所示。

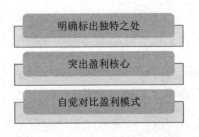

图 5-1　表达创新点的着手点

1. 明确标出独特之处

投资者希望看到项目的独特之处,如产品/服务质量上乘、团队凝聚力强等。这些独特之处不仅可以给用户提供额外的价值,还有助于企业获得更多用户。沃尔玛的产品具有低价、种类多的特点,其商业模式在世界范围内拥有较强的竞争力,因此沃尔玛能够不断地发展壮大,获得大众的认可和信赖。

如果创业者的项目具有其他项目不具备的特色,就有很大可能具有良好的发展前景,能给予投资者丰厚的投资回报,进而大大提升融资的成功率。

2. 突出盈利核心

企业都有自己独特的盈利模式,创业者一般会通过向投资者展示盈利模式来获得投资。为了使盈利模式更加清晰,创业者应将盈利核心在商业计划书中体现出来。这里所说的盈利核心包括很多方面,如企业在经营中所依靠的过硬的技术创新能力,产品的不可替代性,低成本、高质量的产品,真诚的服务等。对创业者来说,梳理好盈利核心,能够使盈利模式更清晰,从而使自己更容易获得投资者的青睐。

3. 自觉对比盈利模式

如果创业者能够总结实践经验,将自己企业的盈利模式和其他企业的盈利模式进行对比,让投资者对项目的盈利模式有深层次的了解,就能增大融资成功的可能性。

例如,BitPay(比特币支付平台)凭借优秀的盈利模式得到了众多投资者的信赖。BitPay 已经完成了多轮融资,其联合创始人托尼·加利皮表示,早在 2011 年刚创办 BitPay 时,他就看到了给世界各地的商家减少交易费的机会。

在投资之前,查理德·布兰森和 BitPay 签订了合约,他明确表示,他之所以会选择投资 BitPay,是因为他坚信银行正面临重大的改革和创新。查理德·布兰森还表示,在振奋人心的货币革命中,比特币作为一种服务,将会持续建立人们对数字货币的信心,推动数字货币的发展,而 BitPay 或许就是下一个独角兽。

BitPay 之所以能够拿到巨额融资，与其商业模式清晰有着直接的关系。投资者如果能够在商业模式上看到盈利的可能性，那么一定会毫不吝啬地投钱，因为这表明了未来的回报将非常可观。

5.1.4   竞争分析：有无竞争壁垒

商业计划书中对竞争分析的介绍可以展示创业者对市场的深刻认识，表明创业者能够正确辨别直接或者潜在的竞争对手。另外，投资者也会根据商业计划书中对竞争分析的介绍和自己掌握的消息进行判断，通过思考和分析降低投资回报的不确定性。

竞争分析的内容如图 5-2 所示。

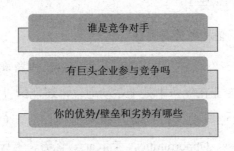

图 5-2   竞争分析的内容

1. 谁是竞争对手

在进行竞争分析之前，创业者需要找到一个合适的竞争对手。

第一步是选择竞争领域。创业者要对市场进行深入了解，确定参与竞争的细分领域，竞争对手就被锁定在这个细分领域中。

第二步是选择竞争对手。创业者对企业未来发展的预期决定了奋斗的方向。阻碍企业不断进步、与自身有相同发展目标的企业就是竞争对手。

2. 有巨头企业参与竞争吗

投资者普遍不喜欢正面临或者未来很可能面临激烈竞争的企业。如果企业正在开展的业务有很多企业也在开展，而且对方的业务更成熟，投资者就不会考虑为企业投资；或者行业内已经有几家地位难以撼动的巨头企业了，企业的产品与技术又没有足够的创新，几乎找不到脱颖而出的机会，那么投资者不会产生强烈的投资欲望。

从业务层面上看，很多创业者都会尽量避免让自己企业的业务与巨头企业的业务重合。如果企业的业务与巨头企业的上下游业务相关，那么企业有可能与巨头企业成为竞争对手。以电商为例，创业者仅突出品类上的差异远远不够，因为巨头企业有充足的资金调整团队结构、业务方向及产品质量。

创业者如果选择巨头企业作为竞争对手，试图分得一杯羹，那么创业风险会非常高。例如，班车类项目曾经处于蓝海市场，因为与滴滴出行相比，二者的用户群体有较大差异，所以与其相关的初创企业引起了很多投资者的兴趣。然而，当滴滴出行声称要拿出几亿元发展班车类项目后，投资者很快就不再关注那些初创企业了。

3. 你的优势/壁垒和劣势有哪些

对优势/壁垒和劣势的分析可以使创业者对自己和竞争对手有一个清醒的认识，不仅有利于企业在竞争中处于主动地位，还能给投资者留下思考全面的印象，有助于企业成功获得投资。在具体操作时，创业者通过 SWOT（Strengths、Weakness、Opportunities、Threats，优势、劣势、机会、威胁）分析，将自己的优势/壁垒和劣势进行全方位的分析。在分析时，创业者通常需要注意两个方面：产品/服务、企业经营。

企业之间的竞争通常是在产品和服务层面展开的，但是大多数投资者更关注产品层面。因此，创业者在进行竞争分析时，应当从产品的定位、市场、成本及价格、广告投入、发展趋势等方面入手。此外，优势/壁垒和劣势分析还可以在企业经营层面展开。例如，通过营销战略、推广渠道、关键财务数据、人力资源政策等的对比体现企业和项目的竞争优势。

从理论上讲，竞争对手越少越好。如果竞争对手太多或者太强大，创业者就要先思考怎样将项目顺利推行下去，再用自己的资源让项目突出重围，从而说服投资者。

5.1.5　创始人与组织架构描述

在投资者评估早期项目时，团队是非常关键的评估指标，因为与项目相比，团队是比较稳定的因素。在项目后期的运作过程中，目标市场、产品和商业模式都会发生改变，而团队可能十分牢固。那么，创业者如何做才能让投资者青睐自己的团队呢？

首先是创始人。创始人的个人履历比较光鲜亮丽，有高学历、知名院校毕业、海外留学背景、知名企业从业经验、成功创业经验、成功管理经验等标签，更容易给投资者留下好印象。

例如，柯泰光芯（常州）测试技术有限公司（以下简称柯泰光芯）的创始人兼 CEO 张骞有丰富的经验，在光电半导体测试领域深耕多年。他曾经就职于泰克科技（中国）有限公司（以下简称泰克），负责华东区高端测试仪器销售业务。

光电半导体测试专业出身的背景和多年的从业经验使得张骞轻易地获得了投资者的青睐。2021 年 12 月，柯泰光芯对外宣布已完成千万元 Pre-A 轮融资，这次融资成为柯泰光芯发展历程中的里程碑。此次融资与张骞的实力和投资者对其的信任是分不开的。

除了个人履历，还有几个因素是投资者在考量创始人时会重点关注的。

（1）年龄适中（30～45 岁最优），团队其他成员也都年轻力壮是加分项。

（2）有较强的个人魅力，包括言谈举止自然大方，有内涵（适当霸气一些最好），气场强大，讲话逻辑性强、条理清晰，可以轻松应对演讲、论坛、媒体采访等活动。

（3）对行业有深入的认知和了解，知道行业存在什么问题、有哪些不足之处，也了解竞争对手的情况。更重要的是，创始人要知道自己在做什么，清楚自己未来要做成什么，并在创业过程中保持一定的自信心和危机意识。

（4）有一定的研发能力和创新能力，同时有较强的管理能力和资源整合能力。相对来说，创始人的管理能力和资源整合能力是投资者更看重的。

需要注意的是，如果创始人的能力很强，但其他联合创始人的能力偏弱，导致创始团队或管理层无法产生互补效应，那么也很难吸引投资者。如果创始人的能力平平，但其他联合创始人的能力非常强，就容易产生内部矛盾，团队不稳定，投资者自然也不感兴趣。

其次是团队情况。很多投资者更倾向于投资团队中核心人员有丰富的经验和突出的技术研发成果的项目。如果企业为团队配备了市场拓展人员，就再好不过了。创业者要将团队成员的经历和擅长的领域突出地表现出来，以便吸引投资者。例如，创业者要对团队中核心人员的特殊才能、特点、社交资源进行介绍。

最后是明确管理目标，讲述组织架构，让投资者能够更加了解团队。创业者可以借鉴如图 5-3 所示的组织架构模板示意图，并根据企业的实际情况进一步优化和调整。

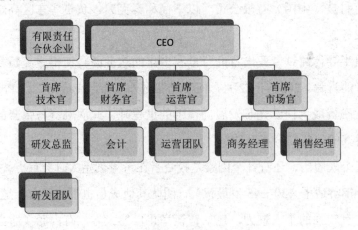

图 5-3　组织架构模板示意图

在早期融资中，投资者往往比较关注创始人、团队、组织架构等。如果整个团队，尤其是创始人非常优秀，那么即使技术与产品的优势不是很突出，企业获得投资的概率也比较大。

5.1.6　财务数据：有重点地向投资者展示

财务数据是商业计划书中非常有说服力的数据，可以让投资者对企业的财务情况有非常直观的了解。过去几年的营收始终保持增长，而且增长幅度比较大，未来几年的财务情况比较乐观，这样的企业是投资者非常喜欢的。如果在产品上市后，企业的营收一直保持较低的水平，未来也很难有大幅度增长，那么投资者大概率不会投资。

投资者还比较关注的一项财务数据是利润。如果企业有利润，且已经达到上市标准要求的利润水平或接近上市标准要求的利润水平，那么企业很容易获得投资。另外，财务报表比较规范，没有造假行为；市场占有率高（最好可以成为行业前 3 名），并形成了较强的市场壁垒，也是投资者重点考量的内容。此类企业往往有较高的市场认可度和一定的知名度。

有些创业者可能会因为企业的财务数据不是那么漂亮而不愿意将其展示给投资者。实际上，展示一些关键财务数据可以加深投资者的印象，会比单纯用文字说明效果更好。具体如何披露财务数据，创业者可以根据自己对保密性的要求进行合理选择。

对于产品已经在市场上实现规模化应用的企业，投资者一般更关注其财务情况，希望了解其营收情况和盈利能力。因此，创业者应该及时将财务数据展示给投资者，有力地证明企业的综合实力。

5.1.7　资金的用途和融资规划

创业者必须对资金的用途进行重点说明，最好可以细化到具体的项目，这样能使商业计划书更翔实、有力，从而激发投资者的兴趣。创业者需要根据业务拓展战略制订融资规划，融资规划必须体现创业者的前瞻性和大局观，以及合理使用资金的能力。

融资规划的时间段应当是资金到位后的 3～5 年，在这 3～5 年内，资金的使用情况和预期成果都要一目了然。对投资者来说，简单甚至有漏洞的融资规划没有吸引力，因此创业者必须认真制订融资规划，具体可以从以下几个方面入手。

（1）资金需求。这一部分包括资金的总量、用途和使用期限。其中资金的用途主要体现在开展项目、扩展业务、升级核心团队、优化商业模式等方面。

（2）资金使用计划及进度。这一部分的主要目的是让投资者心中有数，如资金使用周期为一年半，根据完成市场目标和耗费团队管理成本的情况划分进度。

（3）投资形式。在投资形式方面，创业者需要向投资者说明投资贷款的利率、利息支付条件、转股、普通股、优先股、认股权及对应的价格等内容，帮助投资者充分了解自己将会得到的回报。

（4）资本结构。

（5）回报/偿还计划。

（6）资本负债结构说明。这一部分包括每笔债务产生的时间、条件、利息等信息。

（7）资产抵押情况。这一部分主要说明企业在经营过程中是否存在抵押的情况、抵押品的价值、定价依据等。若有必要，则需要提供定价凭证。

（8）融资后的股权结构。

（9）股权成本。

（10）投资者介入企业管理的程度说明。

（11）资金使用报告。

以上就是商业计划书中的融资规划需要包含的主要内容。在实际撰写过程中，创业者需要根据投资者的意愿，对商业计划书的内容进行灵活删减和添加，确保让投资者满意。

5.2　商业计划书的类型

根据创业者的不同需求，我们可以把商业计划书分为 3 类：路演型商业计划书、工作型商业计划书、验证型商业计划书。这 3 类商业计划书无论是从特点、呈现方式上看，还是从风格上看，都有很大差异，所适用的场景也不同，这就要求创业者必须根据自身的实际情况进行选择。

5.2.1　路演型商业计划书

路演是企业进行融资的必要步骤，也是获取投资非常有效的方法。通常来说，针对路演所撰写的商业计划书就是路演型商业计划书，其基本上是对整个项目的浓缩和提炼。创业者在撰写路演型商业计划书时，需要注意以下两个方面。

（1）路演的时间往往并不充裕，因此路演型商业计划书的内容需要紧扣主题。所谓紧扣主题，是指直截了当地把投资者关心的内容呈现出来，不要赘述不必要的内容。否则，即使创业者的项目足够好，投资者也没有耐心仔细地了解，最终的结果很可能是千里马错过了伯乐。

（2）路演型商业计划书最好以 PPT 的形式展示。PPT 中一般要包括企业概况、管理团队、市场分析、财务状况、融资方案等内容。PPT 的整体风格要简洁，版面风格要统一，传递的信息要明确。创业者需要将重要内容清楚地展示给所有潜在投资者，以便获得投资者的青睐。

5.2.2　工作型商业计划书

很多创业者只知道路演型商业计划书，对工作型商业计划书的了解并不多。工作型商业计划书通常运用于企业日常运作中，是企业在一定时期内的工作计划，用于指导企业的发展。工作型商业计划书的内容如下。

（1）工作内容。工作内容就是"做什么"，也就是企业的目标和任务。创业者在撰写目标和任务时，越具体越好，把大目标和大任务分解成一个个小目标和小任务，并且尽量把数量、质量等指标量化。

（2）工作方法。工作方法是在工作中需要采取的措施和策略，如企业为了完成目标需要采取哪些手段、需要哪些力量的参与、需要什么样的条件、有哪些困难等。总之，在制定措施和策略时，创业者一定要根据企业的实际情况，针对工作中存在的问题找出相应的解决方法。

（3）工作分工。工作分工是指安排哪些人来完成目标和任务、执行策略和措施。创业者在制订分工计划时要统筹全局，明确任务的先后顺序。时间安排、人力安排、物力安排都必须明确，做到人尽其职。

（4）工作进度。工作进度是指企业在每个阶段要完成哪些任务、工作进行到哪个阶段。创业者在制订工作计划时，每个阶段的目标和任务都要有具体的时间限制，这样就能很清楚地知道具体的工作进度。

以上 4 项内容可以帮助创业者撰写相对规范的工作型商业计划书。此外，创业者在撰写工作型商业计划书时，还需要结合本行业与企业的性质、特点，切不可随意借鉴，造成工作计划与实际不符。

5.2.3　验证型商业计划书

验证型商业计划书的适用场景比较少，一般是创业者为了与投资者复谈而准备的商业计划书。由于验证型商业计划书是为了对整个项目的具体情况进行验证，其中的数据比较多，因此创业者在撰写时要非常认真、细心。

创业者在撰写验证型商业计划书时要注意以下 3 个方面。

（1）验证型商业计划书中应该包括市场、产品、财务等方面的数据。这些数据与整个项目息息相关，投资者要通过这些数据衡量项目的可行性。此外，创业者要把握全局，从项目所处的行业出发，让投资者相信验证型商业计划书的准确性。

（2）验证型商业计划书适合采取重点分析讲解的模式，这样可以帮助投资者更好地了解关键数据。在撰写验证型商业计划书时，创业者要先对重点内容进行梳理，用比较大的篇幅将其呈现出来。例如，产品或服务的相关数据、产品或服务的行业市场情况、企业的财务情况等都是重点内容，创业者应该为投资者详细介绍。

（3）验证型商业计划书中包括各种数据，这些数据对最后的融资结果会产生很大的影响，因此创业者必须认真对待，不能出现一点差错。这决定了验证型商业计划书的风格应该是严谨、一丝不苟的。这种风格可以反映出数据是通过仔细分析得出来的，提高了数据的可信度。

创业者在撰写验证型商业计划书时需要注意，数据可以反映出很多方面的问题。此外，验证型商业计划书中一定要多涉及竞争压力与风险分析等方面的内容，这些是投资者比较关注的部分。创业者应抓住重点，给投资者提供一份优质的验证型商业计划书。

5.3　商业计划书的优化

对于商业计划书，不同投资者的偏好不同，有的重视色彩搭配，有的重视排版，有的只在乎其中的数据。为了能成功拿到投资，创业者必须提前了解投资者的偏好，投其所好。在撰写商业计划书时，创业者需要针对投资者的偏好对商业计划书进行优化，切忌用一份商业计划书走天下。只有商业计划书足够有吸引力，投资者才愿意仔细阅读。

5.3.1　重视色彩搭配

很多创业者在撰写商业计划书时都忽视了色彩搭配的重要性。色彩会影响投资者的心情，合适的色彩搭配可以让投资者用愉悦的心情阅读商业计划书。需要注意的是，商业计划书中的色彩主要包括字体色、背景色、主色、辅助色 4 种，超过 4 种就会过犹不及。

字体色一般为灰色和黑色，在黑色背景下，字体色也可以是白色。背景色通常为白色和浅灰色，一些团队也喜欢用黑色。主色通常是指主题色，如医疗主题的商业计划书常用的颜色是绿色。辅助色是考虑到主色过于单一，对主色进行补充的颜色。下面讲述几种常用的色彩搭配方案。

1. 黑白灰

黑白灰的色彩搭配方案是一种非常安全的色彩搭配方案。这种配色简洁、大气，通过大面积的留白，营造出设计感。

2. 黑白灰+任意单色

黑白灰+任意单色的色彩搭配方案是使用非常广泛的一种色彩搭配方案。

一般来说，单色为主色，黑色、白色、灰色分别为字体色、背景色、辅助色。

3. 黑白灰+同类色

同类色是指颜色色调一样，但饱和度和亮度不同的颜色。简单来讲，深浅不同的同种颜色就是同类色。获得同类色的方法很简单，只要打开自定义调色板，更改颜色的亮度和饱和度，就能得到同种颜色的多种同类色。

4. 黑白灰+相近色

相近色是指非常相似的颜色。这种色彩搭配方案的使用也比较广泛。最常用的相近色搭配为红色配黄色、蓝色配绿色、绿色配黄色。相近色的配色在视觉上非常温和，可以营造舒适的视觉感受。

5. 黑白灰+对比色

对比色是指互补的颜色，如红色与绿色、橙色与蓝色、紫色与黄色等。这种配色形成了强烈的色差对比，能够有效吸引投资者的注意力。如果创业者想要强调商业计划书中的某些内容，就可以使用这种色彩搭配方案。

5.3.2　以精美的排版效果"征服"投资者

商业计划书最终呈现给投资者的风格与排版效果有直接关系。排版效果是投资者对商业计划书的第一印象，排版效果让投资者看起来舒服，投资者就有兴趣继续阅读；反之，投资者可能会放弃阅读。最普遍的商业计划书的排版要求如下。

字体：宋体。

字号：商业计划书的名称为二号，楷体，粗体；一级标题为三号，黑体；二级标题为小三号，楷体，粗体；三级标题为四号，宋体，粗体；正文为四号，仿宋；图、表的标题和内容均为五号，宋体；页眉和页脚为小五号，宋体。

行距：正文为1.2倍行距，标题为单倍行距。

页面设置：页边距为上侧2.5厘米，下侧2.5厘米，左侧3厘米，右侧3

厘米；装订线为 0.5 厘米。

此外，在排版过程中，创业者还需要注意以下两个问题。

1．多使用小段文字

如果在商业计划书中使用大段的文字，那么不仅页面不美观，还会让投资者看起来吃力。如果确实需要使用大量的文字，那么创业者应当学会使用小段文字进行描述，并尽可能地简练。

2．用金字塔原理凸显层次感

金字塔原理的基本结构如图 5-4 所示。商业计划书使用金字塔原理可以凸显内容的层次感。大标题开头应当使用"一、""二、""三、"等的形式并加粗，代表金字塔结构的塔尖部分；二级标题开头应当使用"（一）""（二）""（三）"等的形式并加粗；三级标题开头应当使用"1.""2.""3."等的形式并加粗。这样做是为了让投资者在浏览商业计划书的过程中更清楚每个部分是如何划分的，从而凸显内容的层次感。

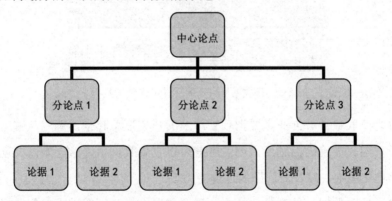

图 5-4　金字塔原理的基本结构

商业计划书的排版一定要简洁、美观。如果排版凌乱、没有层次，遇到严谨、认真的投资者，那么结局可想而知。

5.3.3　尽可能多地使用数据

数据的魅力在于可以将事物的本质和发展动向完整、真实地呈现出来。

创业者首先应该清楚项目的运营数据，然后看市场数据、竞争对手的数据等。此外，创业者还要善于收集用户反馈的数据。通过分析这些数据，创业者可以洞察用户偏好并迎合用户偏好，最终提高项目的受欢迎度。在商业计划书中多使用数据可以清楚地表达观点，从而使商业计划书更有说服力。

任何人都无法预测未来，投资者能够做的就是拿到第一手数据，为投资决策提供可靠的依据。如果创业者意识到自己的项目有很大的不确定性，就更应发挥数据的作用，如项目运营数据、市场规模数据、风险数据等。数据不仅可以帮助创业者看清楚前路的艰辛、做出更好的规划，还能让投资者更好地做出投资决策。

将数据呈现在商业计划书中的步骤如图 5-5 所示。

图 5-5　将数据呈现在商业计划书中的步骤

（1）获取数据。创业者要把项目涉及的数据汇总起来，确定从哪些方面来分析问题。在确定问题后，创业者就可以收集数据了。这一步需要创业者具备结构化思维，以及对问题的理解能力。

（2）处理数据。处理数据是一个需要花费大量时间的过程。创业者要学会使用先进的数据处理工具，如 UltraEdit、Access、Oracle、SQL Server、SPSS Modeler、SAS、R 开源软件等。

（3）分析数据。分析数据离不开各类数据模型，包括预测、关联规则、分类、聚类等数据模型。创业者可以阅读入门级数据分析类书籍。

（4）呈现数据。呈现数据的方式有表格、图形等。创业者可以阅读相关书籍，增强自身的能力。

在大数据时代，"数据会说话"。创业者在撰写商业计划书的过程中可以多使用数据，让数据发挥作用，更好地说服投资者。

5.4　融资路演：展示商业计划书

创业者要想获得融资，可以通过多种途径寻求和投资者见面的机会，路演就是其中非常重要的一个途径。对创业者来说，进行路演能够让投资者对项目的印象更加深刻，激发其深入了解项目的兴趣，从而在融资过程中节省很多时间和精力。那么，创业者应该如何开展一场让投资者无法拒绝的路演呢？下面就围绕这个问题展开叙述。

5.4.1　每一次路演都离不开 PPT

路演是向投资者介绍项目的过程，通常以面对面的形式进行。在这一过程中，PPT 扮演着不可或缺的角色，在很大程度上影响着融资的结果。因此，对想要融资的创业者来说，制作一份完美的 PPT 十分有必要。创业者要制作一份完美的 PPT，可以从以下几个方面入手。

1. 字体的使用要正确

在整个路演的 PPT 中，字体不能完全一样，大小、粗细都有讲究。那么，应该如何正确地使用字体呢？创业者可以使用以下几个技巧。

（1）巧妙地加大字号，即把 PPT 中最重要内容的字号加大。例如，某页 PPT 是讲融资计划的，那么"融资计划"4 个字的字号就应该稍大些。虽然字号越大越能引起注意，但也不能过大，要注意把握好度，根据 PPT 的内容合理设置，尽量保证标题和具体内容在一页上。如果标题的字号设置得太大，具体内容在同一页中展示不全，就要适当地缩小字号，但标题的字号一定要比其他内容的字号大。

（2）巧妙地将字体加粗。为了对不同的内容进行区分，创业者可以在加大字号的基础上对字体进行加粗。一般概括性的语句应该字号加大、字体加粗。例如，在介绍项目的市场时，一两句话可能说不清楚，要进行较为详细的描述，创业者就可以将"我们的项目有着广阔的市场前景"这几个字加大、加粗，使投资者一目了然。

粗体字的使用案例如图 5-6 所示。

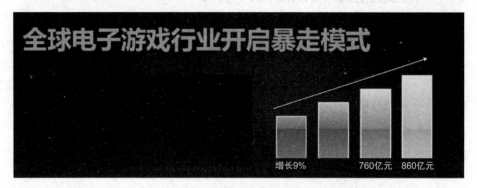

增长9%　760亿元　860亿元

图 5-6　粗体字的使用案例

在如图 5-6 所示的这页 PPT 中，"全球电子游戏行业开启暴走模式"这几个字被加大、加粗，非常显眼，投资者可以迅速知道下面的文字是在介绍全球电子游戏行业的快速发展。

（3）巧妙地使用正常字体。一份 PPT 中使用最多的还是正常字体，一般在介绍具体内容时使用。因为创业者还要对具体内容进行语言描述，所以没有必要突出显示。对于正常字体的使用并没有具体规定，只要与 PPT 的整体风格一致，看起来舒服就可以。

2. 页数要合适

在制作 PPT 时，很多创业者不知道应该制作多少页，少了担心要点展示不全，多了又担心投资者没有耐心看完。其实一份 PPT 比较合适的页数是 5～7 页，这样既可以将重要的内容全部展示出来，又不会过度消耗投资者的耐心。

在具体操作时，创业者可以这样分配每页 PPT 的内容：企业介绍、产品/服务介绍、市场介绍、盈利预期、融资计划、退出机制这几个部分各占用 1 页 PPT，一共是 6 页，再给商业计划书的标题留下最前面的 1 页。这样一来，完全可以在 7 页之内将每个部分都介绍清楚。

如果有的内容在一页 PPT 中展示不全，那么创业者可以调整字号，只要字号不是太小，就没有问题。如果必须展示的内容不能在 7 页之内展示全，那么可以多出一两页，但一定要控制在 10 页之内。

3．保证内容与背景的对比度

内容与背景的对比度越高，内容展示得越清楚，投资者看起来就越轻松、越舒服。要想实现内容与背景的高对比度，创业者在选择背景时就应该尽量以浅色为主，追求简洁、素雅、大方，而不能太过花哨。如果只考虑美观而选择一个设计感很强、颜色丰富的背景，就会喧宾夺主，分散投资者的注意力。

要提高背景与内容的对比度，还有一种非常实用的方法，那就是将字体色设置成与背景色相差很大的颜色，如白色的背景配上黑色的字，内容就会展示得很清楚。此外，创业者还应该尽量选择比较浅的背景色，如白色、粉色、浅蓝色、黄色等，而黑色、深蓝色、靛青色等深颜色要谨慎使用，最好不用。

5.4.2　巧妙地利用 5W1H 分析法

要举办活动，就要做好策划，路演当然也不例外。在实际操作时，创业者可以通过 5W1H 分析法对路演进行策划。

1．Why（为什么，即路演目的）

通俗地说，路演目的就是创业者为什么要开展路演。这个问题的答案显而易见，即宣传项目，获得投资者的投资。不同轮次的融资有不同的重点，如天使轮融资路演的重点应该是介绍产品；C 轮融资路演的重点应该是介绍企业的运营现状和发展前景，让投资者了解企业在市场上的竞争力。

2．What（干什么，即路演主题）

路演主题是路演精华的呈现，即通过简短的表达，把路演内容直白地告诉投资者。大多数路演是以介绍商业计划书、与投资者就相关问题进行讨论等为主题的。

3. Who（谁，即路演对象）

如果创业者没有明确路演对象，那么路演很可能会失败。在明确了路演对象，并了解其兴趣点后，路演就可以有不错的效果。

4. Where（在哪，即路演地点）

以前的路演大多在线下开展，而随着技术的进步和互联网的发展，如今路演也可以在线上开展。例如，创业者和投资者可以通过视频会议的形式开展路演，双方在线上对商业计划书的某些细节进行商议和确认。

5. When（什么时候，即路演时间）

路演时间就是开展路演的时间。在选择路演时间方面，投资者通常掌握主动权，在确定好时间后提前通知创业者。当然，路演时间也可以由创业者自行选择，投资者按时参加路演。

6. How（怎么做，即路演方式）

路演方式和路演对象、路演地点都有关联，如投资者的年龄、兴趣、偏好会影响路演方式，创业者要选择符合他们特性的路演方式。在路演地点方面，如果是在线下开展路演，那么创业者可以将路演环节设计得全面一些；如果是在线上开展路演，就可以一切从简。

5.4.3 高效路演的技巧：掌控节奏

要想完成一次精彩绝伦的路演，不仅要保证内容的质量，还要把握好内容的表达。应该如何把握呢？最重要的就是精准掌控节奏。创业者可以从以下3个方面着手。

1. 灵活运用肢体语言

安世亚太科技股份有限公司的创始人张国明的路演有着与众不同的魅力，即使关掉声音，其肢体动作也可以吸引投资者的目光。他在介绍项目时，很少原地不动，而是经常在台上踱步。而且，即使需要坐在椅子上完成介绍，他也会不断指点、挥舞、打手势。这样不仅可以更好地突出其观点，还可以进一步强化语言表达效果。例如，他会用摊手的姿势表明自己不精通花言巧语，会通过握拳来展示自己的决心和信心。

2. 对重要信息进行重复

除了肢体语言，张国明也善用重复的技巧。例如，在讲述营销策略时，他多次提及"最好的产品总是那些被用户认可和多次使用的产品"。这样的重复并不多余，反而可以发挥重要的作用。通过各种各样的方式对某些信息进行重复，可以让投资者充分感受其重要性，也有利于为投资者留出一部分理解其意义的时间。

这里所说的重复不是针对所有信息，而是只针对那些重要信息。因为路演的时间是有限的，所以在开展路演时，创业者必须提炼出重要信息，将其重复后再切换到下一主题。

3. 适度体现幽默感

张国明是一个比较有幽默感的人，他的语言风格也十分有趣。例如，他特别喜欢用自己的短处开玩笑，总是强调自己不了解技术、并不聪明，有时还会对自己的长相进行调侃。自嘲也是幽默的一种，该做法不仅有利于对投资者产生更大的吸引力，还可以拉近自己与投资者的距离，使投资者感到轻松、愉悦。

但是，过度幽默也会产生一些不好的作用，如很可能会给投资者留下轻浮、不认真的不良印象。因此，在路演中，幽默一定要适度，否则会产生反作用。

对创业者来说，参加路演并介绍项目已经是家常便饭，而掌握一些技巧会使他们在路演时更加游刃有余。创业者掌握足够的技巧，不仅可以在投资者面前大显身手，还可以提升企业的知名度和影响力，进而促使融资成功。

第6章

投资者筛选与谈判技巧详解

在竞争越来越激烈的情况下,寻找投资者、与投资者谈判似乎已经成为企业的生存之道。在大众创业时代,投资者对创业者的要求非常高,如果创业者不能与投资者取得联系,无法在谈判中占据优势地位,就很可能导致融资失败,影响企业的经营和发展。

6.1 到哪里寻找投资者

很多创业者会有这样的感受:项目处于初期阶段,暂时没有愿意投资的投资者;等到项目逐渐成熟和完善后,寻找投资者就是重中之重。因此,创业者必须明白自己应该到哪里寻找投资者,选择一个适合自己的渠道,更高效地与投资者取得联系。

6.1.1 熟人、人脉圈

融资领域有一句戏言:早期投资者一般都是3F。3F即Family(家人)、Friend(朋友)、Fool(傻瓜)。其中,傻瓜是指天使投资者。天使投资者将钱投资给素不相识的人,尽管这些人的企业才开始起步或者仅有一个创意,因此在外人看来,天使投资者与傻瓜无异。

找家人、朋友融资在早期并不困难,因为他们爱你、信任你。相关调查显示,初创企业获得的天使投资中,92%来源于家人、朋友,仅有8%来源于天使投资者。家人、朋友虽然不会像专业的天使投资者那样要求创业者有精练的商业模式与准确的财务报表，但他们也希望可以知晓一些事情。以下是创业者在找家人、朋友融资时需要注意的 6 个重点。

（1）不要害怕开口要钱，但说话要注意分寸。

（2）要乐观，要表现出尊敬。

（3）展示创业进度和取得的成果。

（4）不要指望筹到很多资金，只需筹到维持创业所需的资金即可。

（5）要沟通风险，签订协议。

（6）一直展示增量价值。

总之，从家人、朋友那里融资会简单许多，但切忌把家人、朋友当作唯一的创业融资来源，专业的天使投资者也可以成为创业融资来源。2021 年中国天使投资者 Top 30 榜单如表 6-1 所示。此榜单中的天使投资者都可以作为创业者融资的对象。

表 6-1　2021 年中国天使投资者 Top 30 榜单（排名不分先后）

序　　号	中国天使投资者	所属投资机构
1	方爱之	真格基金
2	陈维广	蓝驰创投
3	黄明明	明势资本
4	吴世春	梅花创投
5	李丰	峰瑞资本
6	王啸	九合创投
7	元野	策源创投
8	李开复	创新工场
9	王明耀	联想之星
10	米磊	中科创星
11	费建江	元禾原点
12	毛丞宇	云启资本
13	李竹	英诺天使基金
14	徐诗	山行资本
15	陈向明	银杏谷资本
16	王梦秋	清流资本
17	赵阳	险峰长青（前身为险峰华兴）
18	黄昕	凯风创投
19	祁玉伟	接力基金
20	董占斌	青松基金

序　号	中国天使投资者	所属投资机构
21	熊钢	澳银资本
22	艾民	大米创投
23	李剑威	真成投资
24	曾李青	德迅投资
25	王淮	线性资本
26	杨光	耀途资本
27	王东晖	阿米巴资本
28	张野	青山资本
29	陈军	紫金港资本
30	刘博	启迪之星创投

创业者可以仔细研究上述天使投资者的背景和投资历史，如果发现合适的天使投资者，就应有策略地与其接触，直至找到最终愿意投资的天使投资者。

6.1.2　创业孵化平台

创业孵化平台中有很多知名的创业导师、天使投资者，创业孵化平台会举办一些由创业者报名参与的路演。路演由创业孵化平台主持，创业者负责对项目的市场前景、商业模式、团队情况等进行讲解，创业导师、天使投资者会与创业者进行交流、探讨。

与商业计划书追求全面、详尽不同，创业孵化平台的路演追求简单、高效。图 6-1 列出了参加创业孵化平台路演的 4 个经验，供创业者学习和借鉴。

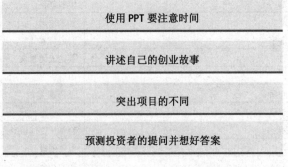

图 6-1　参加创业孵化平台路演的 4 个经验

1．使用 PPT 要注意时间

一般路演都会用到 PPT，展示 PPT 的时间必须控制在 5 分钟左右，不能超过 10 分钟。

2．讲述自己的创业故事

与 PPT、数字之类的信息相比，创业故事对投资者的吸引力更大。创业者可以把自己的创业故事讲给投资者听，以便引起投资者的关注。

3．突出项目的不同

在大众创业时代，每个人都可以做的项目已经无法吸引投资者，如果创业者的项目极具特色、内容优质，就容易获得投资者的青睐。

4．预测投资者的提问并想好答案

如果投资者对项目感兴趣，但提问了一些创业者之前没有考虑到的问题，那么这时创业者往往难以给出完美的答案。因此，创业者对投资者可能提出的问题要做到心中有数，在回答时才可以不卑不亢，从而给投资者留下很好的印象。

6.1.3 融资服务机构

在美国，有罗恩·康韦、杰夫·克拉维尔、迈克·梅普斯等知名投资者；在中国，有陈向明、祁玉伟、张野、徐小平等天使投资者。可以说，投资者遍布世界每个角落，他们中有些人曾经创立过企业又将企业出售，是非常成功的创业者，有些人是专业投资者，还有些人是投资机构的创始人。而融资服务机构就是连接创业者与这些投资者的纽带，可以很好地将二者连接起来。

投资者的时间是很宝贵的，但如果创业者手握前景非常广阔的项目，又有融资服务机构的引荐，那么他们还是愿意与创业者接触的。融资服务机构有丰富的经验，对大部分投资者了如指掌，甚至可以给创业者介绍投资者。融资服务机构介绍的投资者就是创业者成功的敲门砖，单凭这些投资者的名气，创业者及其项目就可以获得广泛关注。

但是，即使有了融资服务机构的支持，投资者也不一定会投资，毕竟他们并非创业者的"守护天使"。因此，创业者即使没有拿到投资者的投资，也不用沮丧。

对于是否应该寻求融资服务机构的帮助存在争议。因为有些融资服务机构决策缓慢，附加值比较低，还会向创业者提出比较苛刻的条件，致使创业者在下一轮融资中举步维艰。当然，我们也不能将融资服务机构"一棒子打死"，因为它们也成就过不少项目。

需要注意的是，当创业者准备寻求融资服务机构的帮助时，应该提前对它们的声誉做一些调查，因为它们在未来很可能会成为创业者的合作伙伴。

6.1.4　社交媒体

社交媒体的应用范围越来越广，有些创业者甚至可以通过微博、抖音、今日头条等社交媒体找到自己心仪的投资者。创业者可以在这些社交媒体上向投资者发送私信，但一定要把握好度，不能进行信息"轰炸"，否则对方很可能因为被骚扰而产生厌烦情绪。

另外，在发私信给投资者时，创业者应该编辑好内容，将企业和项目的大致情况介绍一下，还要让投资者知道这些内容是专门发送给他的，并不是统一的模板。创业者也可以直接将商业计划书发给投资者，不过前提是商业计划书的质量足够好。

创业者也可以利用微信、QQ 等比较私密的社交软件和投资者接触。这就需要创业者具备较为丰富的社交资源。例如，电影《西游记之大圣归来》就是依靠微信拿到了 780 万元的资金，才得以顺利发行并获得高票房的。

在上映之前，《西游记之大圣归来》的制作团队已经筹备了 8 年左右的时间，压力非常大。电影的出品人路伟表示，如果按照以前的方法运作，票房最多只有 1 亿元。在这种情况下，路伟决定在朋友圈为《西游记之大圣归来》众筹融资。他讲明《西游记之大圣归来》是一部动画电影，制作精良，而且做出了保底分红的果断决策。

路伟发了朋友圈之后，当天就有数十位朋友加入了"西游电影众筹"微信群，募集到的资金超过 500 万元。一个星期后，路伟共募集了 780 万元，有近百名投资者参与。

路伟通过微信成功为《西游记之大圣归来》电影融资的一部分原因是好友对电影和他本人的信任。如果创业者在业内有一定的名气或影响力，也拥有丰富的社交资源，就可以借助社交媒体寻找投资者。

6.1.5 通过邮件联系投资者

如今，很多创业者都通过线上的方式联系投资者，如通过邮件直接联系陌生的天使投资者。一般天使投资者的邮箱地址是对外公开的，创业者可以通过各种方式获取其邮箱地址并向其发送商业计划书。创业者应该根据投资者的特点，对商业计划书做不同的调整，让投资者明白这是专门发送给他的。

与第三方推荐投资者相比，通过邮件联系投资者的有效性要低一些。然而，经过自己的努力和坚持，通过邮件联系投资者并最终拿到大笔投资的创业者也有很多。

6.2 估值谈判：别让自己吃亏

几乎每个创业者都知道企业每年可以创造多少收入，但有的创业者不知道企业在资本市场上的估值。与投资者进行估值谈判是融资过程中一个必不可少的环节，创业者要提前了解企业的估值，不要因为被投资者恶意压低估值而吃亏。

6.2.1 思考：高估值对创业者更有利吗

巴菲特认为，投资有两个重点：如何为企业估值、如何充分利用市场情绪。在投资过程中，估值是必不可少的环节。估值是一门比较复杂的学问，不同的企业适合不同的估值方法，通常没有一种放之四海而皆准的普适方法。

在创业初期，企业的价值通常接近于 0，但估值要高出许多。估值越高越有利吗？答案是否定的。

在天使轮融资中，如果企业得到一个高估值，那么到下一轮融资时，企业的估值就会更高。也就是说，在两轮融资之间，企业的业务规模、营业利润要增长很多。换言之，创业者需要向投资者表明企业的整体规模和收益比之前增长了很多。如果创业者做不到这一点，那么通常只能接受投资者的苛刻条款，进行一次低估值融资。在这种情况下，除非有新投资者加入，或者其他投资者愿意为企业投入更多资金，否则，企业的现金流很可能会因此断裂，甚至关门大吉。因此，在融资时，企业的估值不是越高越有利。

6.2.2 如何为企业估值

王强是一家企业的创始人，企业刚开始发展得并不顺利，主要是因为缺少资金。为了获得资金，王强和他的团队计划融资。2019 年，王强在网上找到了一位投资者。投资者对他的项目很感兴趣。在路演结束后，投资者对企业进行了尽职调查。

接下来，王强和投资者进入谈判阶段，因为投资者对王强的项目、团队等都很满意，于是问王强："你们企业的估值是多少？"王强瞬间不知所措，他没有考虑过这个问题，便随口说了一个数字。投资者听到王强说的是一个"天文数字"，与预期相差太大，而且经过多次交涉，双方也没有就这个问题达成一致意见。最终的结果是，投资者没有给王强投资。

如果投资者和创业者进入谈判环节，就会谈及估值问题。企业的估值不是随口说的一个数字，而需要经过细致、准确地计算才能得出。估值合理的企业更容易获得投资者的青睐。

在为企业估值时，创业者需要考虑以下几个因素。

1．客户数量

企业要想获得发展，就要吸引大量客户。如果企业可以在短时间内吸引大量客户，就说明企业的前景是非常广阔的。投资者也会关心企业是否可以吸引客户。一般来说，企业吸引的客户越多、吸引的速度越快，企业的估值就越高，获得的投资也就越多。

2．成长潜力

企业是否有成长潜力也是投资者比较重视的一点，因此在进行融资谈判时，创业者可以用数据给投资者展示企业的成长潜力。这些数据也是投资者衡量企业的估值的因素。

3．收入

收入也能作为为企业估值的一个依据。企业有了收入之后，就会产生一些数据，这些数据可以帮助创业者确定合适的融资金额。当然，对初创企业而言，收入也许只占一小部分，通过收入计算出来的企业的估值不能代表其全部潜力，但可以为融资谈判提供参考。

4．创始人和员工

一个好的创始人更容易吸引投资者，从而为企业拿到更多资金。创始人的工作背景、人生经历等影响着企业的融资成败。如果创始人和员工的能力很强，那么由他们组成的企业也必定是非常有发展潜力的。例如，一些涉足互联网行业的企业因为有专业的技术团队，其估值有可能会增加上千万元。

5．行业

行业不同，企业的估值也不同。以餐饮行业和高科技行业为例，餐饮行业的企业的估值通常是总资产的 3～4 倍；高科技行业的潜力比较大，企业的估值一般是年营业额的 5～10 倍。在找投资者谈判之前，创业者一定要了解企业所在行业的整体形势。

6. 孵化器

有些企业是依托孵化器建立起来的，这样的企业通常会得到专业的指导，在资源方面也比一般企业更有优势。在孵化器的助力下，企业会通过专业的数据分析来确定发展方向，这也会提高企业的估值。

7. 期权池

为了吸引优秀员工加入企业而预留出的股票就是期权池。通常，期权池越大，企业的估值越低。期权池是一种无形资产，其价值一般会被忽略。

8. 实物资产

有些企业的实物资产不是很多，因此创业者在为企业估值时不会将这一部分考虑进去。实际上，实物资产也属于企业的资产，会对企业的估值产生一定的影响。

9. 知识产权

企业拥有的专利也是企业的资产，创业者在为企业估值时要计算进去。而且，专利也能提高企业的估值。例如，某企业的创始人因为两项专利而多获得了投资者500万元的资金。

在初创期，企业的估值越合理越好。企业的估值不合理，就意味着企业要承担的风险更高，企业一旦出现问题，就要被迫接受很多不公平的条款。因此，创业者一定要根据企业的实际情况计算出一个合理的估值，以提高投资者投资的概率，避免自己遭受不必要的损失。

6.2.3 估值的常用计算方法

在谈判过程中，企业的估值很重要。创业者需要知道自己的企业值多少钱。在具体操作时，创业者可以按照利润计算估值，一种比较稳妥的方法是按照年利润的20倍计算。一些高科技企业也可以按照年利润的50倍或者超过50倍计算。

例如，王某创办了一家IT企业，从目前的情况看，他预计企业当年的总利润将达到 200 万元。如果按照利润的 20 倍计算，那么在谈判时，企业的估值就是 4000 万元。他可以在此基础上向投资者报价。

如果企业还没有产生利润，就以销售额为基础，按照行业的平均利润率计算估值。例如，制造业的平均利润率超过 35%，估值可以是最近一期的年销售额或预计下一年的销售额乘以 2；批发业的平均利润率较低，估值可以是年销售额乘以 0.5；零售企业的估值可以是年销售额乘以 1。我们说的是一般情况，具体情况则要具体分析。

此外，还有一种方法是根据"支点价格原理"为企业估值。这种方法以创业者的目标估值为支点，投资者给出的估值比创业者的目标估值低多少，创业者的最初报价就比自己的目标估值高多少。例如，创业者的目标估值是 500 万元，投资者给出 400 万元的估值，创业者就应该报价 600 万元。在谈判时，这 600 万元就相当于企业的估值。

6.3　如何与投资者交流

在进行融资谈判时，创业者一方面要表达自己对投资者的兴趣，另一方面又不能太过依赖投资者，更不能对投资者言听计从。简单地说，虽然创业者非常需要投资者的帮助，但不能表现得太过卑微，而应该充分展示自己的想法和实力。

6.3.1　调整心态，制定阶段性目标

在投资者通过商业计划书对项目产生兴趣之后，谈判是必不可少的。在谈判前，创业者应该调整心态，不要过于紧张，要制定阶段性目标。

如果创业者的目标重点在资金上，希望多融得一些资金，就要扩大接触投资者的范围，因为接触的投资者越多，最终获得更多资金的可能性就越大。如果创业者的目标是获得投资者背后的资源和背书，那么与少数几个具有高度战略意义的投资者进行谈判就足够了。在这种情况下，创业者需要针对这

几个少数的投资者制定有针对性的谈判方案。谈判方案应该根据投资者的不同情况进行调整。影响谈判方案的因素包括如图 6-2 所示的 3 个。

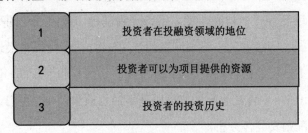

1	投资者在投融资领域的地位
2	投资者可以为项目提供的资源
3	投资者的投资历史

图 6-2　影响谈判方案的因素

明确了上述 3 个因素，与投资者谈判的顺序就确定了，谈判方案也会更加科学、合理。

6.3.2　把见投资者当成一次面试

有这样一个形象的比喻——创业者和投资者的见面就像一次面试。在交流过程中，创业者可以跳出甲方和乙方的关系，对投资者做出自己的判断。作为乙方的创业者，既要谦逊，又要自信，但没有必要刻意降低自己的身份，去迎合甚至讨好投资者。否则，在交割或者后续跟进的过程中，很容易出现沟通问题。总之，一场成功的面试一定是由应聘者主导的，一场成功的融资会面也一定是由创业者主导的。

6.3.3　做到知己知彼

在与投资者见面前，创业者必须充分了解企业和项目的情况，做到知己，以便更好地应对投资者提出的问题。但是，与知己相比，知彼，即对投资者进行相关调查更重要。例如，创业者可以先和投资者交换名片，再去网上查询与他相关的信息，尽量细化到他在行业内属于什么级别、专注于哪些领域等。

如果网上没有投资者的信息，那么创业者可以直接询问投资者是否了解创业者所处的行业，以及对所处行业的关注程度。下面通过一个案例进行说明。

某企业的创始人张某尽力收集曾经投资与其企业类似的企业的投资者的名单、邮箱、联系电话等信息，整理到一张 Excel 表格里，并有针对性地与这些投资者接触。如果张某盲目寻找不匹配的投资者，那么不仅会浪费很多时间和精力，还需要付出很高的成本和很大的代价。

如果身边有朋友接触过自己看中的投资者，那么创业者一定要向朋友"取经"，如向朋友询问投资者的类型，投资者在选择项目时重点关注的是团队、产品还是数据等，这样可以更有针对性地做准备。

6.3.4　在必要时签订保密条款

在第一次见面结束后，创业者可以与投资者保持适当频率的交流，针对他提到的某个要点进行简单的回应。这样既能体现创业者的执行力，又能体现创业者对投资者的重视程度。

创业者在与投资者交流的过程中，一定要注意保密。有些投资者可能会向创业者索要业务方面或财务方面的资料，创业者必须先与他们签订保密条款，再把这些资料提供给他们。保密条款的内容如下所述。

投资者要对从此次合作中获得的任何商业信息或技术信息严格保密，未经创业者书面同意，不得向企业之外的其他单位、组织及个人泄露，也不得擅自授权他人使用。若投资者违反本条款，则视为严重违约，应承担相应的违约责任并赔偿一切由此导致的经济损失。

6.4　关于谈判，你要弄清这些问题

融资谈判是一个比较漫长的过程，如果创业者不能提前解决一些比较重要的问题，导致需要融资时没有尽快得到融资，那么对企业的影响会非常大。为了让谈判更高效，创业者需要解决谈判时间与地点、团队配合方案、投资者是否想深入接触等问题。

6.4.1　如何用实力掌握主动权

谈判不只是谈判桌上的面对面谈判，还是谈判桌外双方实力的对弈。聪明的创业者会用实力"说话"，吸引投资者加大"投注"。

例如，Google 在需要资金进行市场扩张时，通过展示自己的实力完成谈判，掌握了主动权。当时 Google 受到很多用户的欢迎，搜索量不断增长，用户使用频率越来越高，获得了媒体的广泛关注。因此，投资者看到了 Google 的实力，对 Google 很感兴趣。

在第一次和投资者谈判时，拉里·佩奇和谢尔盖·布林向红杉资本的合伙人迈克尔·莫里茨表明了立场：他们计划融资 2500 万美元，出让 Google 20% 的股权。这次谈判的结果是，迈克尔·莫里茨接受了他们的报价，投资 2500 万美元，获得 Google 20% 的股权。

后来，拉里·佩奇和谢尔盖·布林又向另一家投资机构 KPCB（Kleiner Perkins Caufield & Byers，凯鹏华盈）发出邀约。这次谈判的结果是，KPCB 的老板约翰·杜尔与红杉资本的迈克尔·莫里茨做出了同样的决定。最终谈判双赢：约翰·杜尔在 Google 上市后获得了巨额回报。

对于 Google 的这两次谈判，作家戴维·怀斯评论道："所有迹象都表明，两位创始人做了一笔超级成功的生意。他们顺利拿到了 Google 发展所需要的资金。"

通过分析 Google 的案例可以得知，投资者要在谈判中充分了解对方的实力。如果对方的实力足够强大，那么即使多给一些资金和资源也未尝不可。红杉资本、KPCB 都比较爽快地答应了拉里·佩奇和谢尔盖·布林提出的融资条件，一个非常重要的原因就是他们看到了 Google 的实力及其在搜索引擎市场中的优势地位，可以确保自己能够得到较多的投资回报。

6.4.2　明确在何时、何地谈判

在约定谈判时间方面，通常是投资者掌握主动权，由投资者提前通知创业者。如果确定好时间，但还没有确定地点，那么创业者可以主动和投资者联系。创业者可以这样说："关于时间，已经没有问题了，咱们应该在什么地点见面呢？是我去您的企业拜访您？还是您大驾光临我们企业呢？如果您想来我们企业，那么整个核心团队都会恭候您。通过深入地沟通和交流，相信您可以对我们企业有更全面的了解。"

　　创业者给投资者一个正面回应，同时让投资者选择见面的地点，可以给投资者留下一个好印象。谈判地点其实不是特别重要，把主动权交给投资者未尝不可。当然，创业者也可以自己选择地点。例如，有些创业者会邀请投资者在办公室、会议室等正式场合见面。如果是处于前期阶段的项目，时间和地点的选择可以随意一些，如隐私性比较好的咖啡馆、小酒馆等。此外，也有一些创业者会选择和投资者在网球场、高尔夫球场见面。

　　无论在什么地点见面，最应该注意的都是迟到问题。对创业者来说，按时赴约展现的是良好的可信度和形象。如果双方之前已经约定好时间和地点，而创业者迟到很长时间，那么投资者会放心地投资吗？答案可想而知。迟到会影响声誉，创业者应该注意这一点。

6.4.3　团队一起谈判，如何配合

　　在与投资者谈判时，有的创业者会选择自己去，有的则会带上重要合伙人。这两种方式都可取。需要注意的是，如果创业者带上重要合伙人，以团队的形式出现在投资者面前，就要注意彼此之间的默契，防止给投资者留下不好的印象。

　　如果团队一起去见投资者，但团队成员在很多问题上没有达成一致意见，甚至争吵起来，就会给投资者留下团队成员不团结的不良印象，影响投资者的投资决策。某团队曾经与来自硅谷的投资者见面，但这个团队的成员在很多问题上没有达成一致意见，大家你一言、他一语，最后争吵起来，投资者觉得这个团队不够稳定，最终没有投资。

　　因此，在团队一起见投资者时，比较好的做法是，由一个人主说，其他人进行补充；或者分工协作，如 CEO 负责介绍企业的战略、业务，首席技术官负责介绍技术、产品，这样的配合比较默契，有利于增强投资者对创业团队的信任。

6.4.4 投资者想深入接触的表现是什么

要判断投资者是否想深入接触，最重要的是看结束语是什么。如果投资者明确表示希望与团队进一步交流，就说明他已经对企业产生了兴趣；如果投资者表示可以在下一轮融资的时候再投资，或者表示不向处于前期阶段的企业投资，就是在委婉地拒绝创业者。

实际上，判断投资者是否想深入接触不是关键，创业者应该在激发投资者的接触兴趣上多下功夫，以下是几个注意事项。

（1）从一开始的时候，创业者就要和投资者进行互动式交流，引起投资者对项目的好奇心，一定不要演独角戏。

（2）不管遇到哪种类型的投资者，创业者都必须表现出应有的格局和素养。遇到刚涉足某个行业的投资者，创业者要保持足够的耐心；遇到非常了解行业的投资者，创业者就不要过多提及常识性知识，而要与其进行更高层面的沟通，如分析行业趋势、项目发展新思路等。

（3）选好与投资者交流的渠道，如面对面交流、电话交流、微信交流。不同的渠道会产生完全不同的效果。如果选择微信交流，那么创业者要对重要信息有所保留，小心谨慎。

（4）如果投资者要做压力测试，那么创业者一定要扛住压力，保持沉着、冷静、谦逊、有礼的态度，不能过于激进。

（5）千万不要长篇大论地讲无关紧要的内容，这会浪费投资者的时间，消磨投资者的耐心。投资者想知道的内容无外乎两点：创业者想凭借什么获得成功，以及项目或产品如何顺利进入市场。

（6）在与投资者见面时，创业者可以把重要的内容录下来或者记下来。例如，投资者提问了哪些重要的问题、投资者最关心什么、商业计划书有哪些需要改进的地方等。对于这些关键内容，创业者要多思考、多回顾、多对比，不要浪费每一次与投资者见面的机会。

第7章

融资协议框架与法务要点

在投资者与创业者就相关问题达成一致意见后，双方就可以考虑签订融资协议了。在签订融资协议时，创业者要了解融资协议框架与其中的法务要点，防止自己遭受损失。

7.1 融资的重要防线：投资意向书

投资意向书（Term Sheet）是投资者与创业者就未来的融资交易达成的原则性约定，这些约定通常会出现在正式的融资协议中。投资意向书逐渐被广泛应用在融资交易中，成为推动创业者和投资者建立良好关系、顺利完成融资的有效工具之一。

7.1.1 投资意向书的内涵

投资意向书也叫投资条款清单。如果投资者愿意给创业者一份投资意向书，就意味着他有意向投资项目。从投资者对项目产生兴趣到最终投资，投资意向书发挥着承上启下的作用。投资意向书能够在双方释放合作信号并确认合作后，搭建初步投资框架，使双方对核心条款形成共同的认知。

在签订投资意向书后，投资者会开始对企业进行深入调查，最后与创业者达成融资协议。很多投资者不与创业者签订投资意向书，而是直接开始调查和进行合同谈判。这种做法是有风险的，创业者应该尽量避免，从而更好地保护自己的利益。

7.1.2　投资意向书的法律效力

在投资意向书中，商业条款通常不具备法律效力，原因如下。

（1）在开展尽职调查前，企业不需要充分披露信息。

（2）无法保证相关数据的准确性和真实性。

既然商业条款不具备法律效力，那么创业者应该如何保护自己的利益？这更多地考验的是创业者的判断力和洞察力，该问题虽然没有标准答案，但以下措施可以将风险降到最低。

（1）不要急于求成地想解决缺钱的燃眉之急。如果创业者担心投资者反悔或压价，就要与其签订附加合同，并辅以一定的违约惩罚条款。

（2）创业者应全面调查投资者的诚信记录，如果发现投资者曾经有过不良行为，就要敢于舍弃，尽快寻找其他投资者。创业者应明白，只要项目足够好，就不必担心找不到投资者。

（3）在刚开始时，投资者可能会说一些大话，做出无谓的承诺，因此在签订投资意向书前，创业者有必要将冗余信息过滤掉，以便客观地评估自己的核心需求。

与商业条款不同，保密条款和排他条款具备法律效力。一般来说，在签订投资意向书后，投资者拥有不超过双方约定的一定期限的排他期，以保证有充足的时间进行调查和准备最终的融资协议。

为了防止投资者随意提交投资意向书以获得进入排他期的资格，创业者可以增加肯定性条款，确保自己在怀疑投资者正在进行重大改动或发现其缺乏诚意时，有权要求其给予肯定性书面答复，否则就提前终止排他期。

在签订投资意向书后，谈判优势会从创业者身上转移到投资者身上，所以投资意向书的内容必须清晰、明确，核心条款（如一票否决权、优先购买权、优先清算权等）也要正式记录在案，不得出现差池。

此外，创业者还应在签订投资意向书前披露企业的不足之处，防止投资者在调查时以此为理由大幅度压价。

7.1.3　核心因素：估值、投资额度、交割条件

一份投资意向书通常包括 3 个核心因素，分别为估值、投资额度、交割条件。创业者需要着重设计、反复阅读与这些因素相关的条款，以便保证自己和投资者的利益。

1. 估值

估值条款是投资意向书中必不可少的内容，包括两个关键点：估值的计算；估值的分类，即对投前估值还是投后估值进行判断。

（1）估值的计算。估值是投资者和创业者都非常关注的内容，详细的计算方法在本书第 6 章中已经介绍过，这里不再赘述。

（2）估值的分类。在过去，投资者都是以投前估值为依据进行投资的，但其实在了解投前估值和投资者的出资额后，可以计算出投后估值，计算公式为投后估值=投前估值+投资者的出资额。例如，A 企业的投前估值为 2000 万元，投资者的出资额为 500 万元，投后估值就是 2500 万元。

2. 投资额度

在投资意向书中，投资额度表明投资者会给企业投资的金额。一般来说，投资额度条款中关于该投资金额取得的股权，以及这部分股权占稀释后总股权的比例都会有附带说明。此外，投资额度条款还可以规定投资者的投资方式：除了购买普通股，还可以选择的方式有购买优先股、可转债等。即使是购买普通股，也很可能会有限制条件，创业者应该多注意这一方面。

下面是天使湾创投的投资意向书中对投资额度和投资方式的描述。

> 投资者将通过增资的方式以现金××万元对企业进行投资，认购企业××注册资本，投资额度多于注册资本的部分计入资本公积，投资完成后，投资者将持有××%的股权。

3. 交割条件

在具体实践中，很多创业者对交割条件的认识不到位，一些大型企业及其律师也可能会将交割条件与付款的先决条件混淆。

交割条件是指当事人进行股权转让或资产过户等交割行为需要全部满足的前提条件。在双方签订了正式的融资协议后，如果投资意向书中规定的交割条件没有被全部满足而且没有被当事人放弃，那么当事人不具有进行交割的义务，交割也就无法进行。

投资者在设置交割条件时会考虑自己的风险承受能力和风险偏好等因素。如果投资者希望在短期内完成交易，并且具有较强的风险承受能力，那么交割条件会相对简单，基本上只有相对重要的事项；如果投资者追求低风险，那么会设定较复杂的交割条件，而创业者执行起来也会相对困难。

此外，投资者还会考虑相关条件的可实现性与可操作性，以及交易成本的高低。如果投资者要求创业者采取某一行动的可实现性与可操作性较低，或者将产生高额的交易成本，那么这并不适合作为交割条件，否则会导致交易失败。

如今，包括天使投资在内的所有投资都逐渐走向正规化、机构化，随之而来的就是制定一套严格的内部流程。在这种大趋势中，如果创业者对某些专业的投融资知识不够了解，就必须好好补课，不断增强自己的综合能力。

7.2 融资协议中的主要条款

到了签订融资协议的阶段，很多创业者都非常兴奋，有些创业者甚至会直接签字、盖章。事实上，不认真阅读融资协议中的主要条款是有风险的。在签订融资协议时，创业者要仔细分析回购条款、董事会席位条款、一票否决权条款等内容，谨慎识别其中的漏洞。

7.2.1 回购条款

回购股权是保证投资者可以变现的关键，也是投资者收回投资的利器。

众所周知，投资者进行投资并不是为了做公益，而是为了变现。创业者如果经常回购股权，就意味着企业出现了状况。在这种情况下，投资者为了实现高收益的目标，就会要求在融资协议中加入回购条款，对创业者的回购权做出相应规定。

通常情况下，当出现下列情况时，投资者会要求主要股东和现有股东部分或者全部回购其所持有的股权。

（1）企业主要股东将股权全部转让或者部分转让，而使投资者失去主要股东地位，或者不得不辞去董事长、总经理等职务。

（2）在规定时间内，企业的实际净利润低于承诺净利润的70%，或者企业不能完成3年整体业绩目标。

（3）在投资者投资到企业首次公开发行股票期间，企业违反工商、税务、环保、土地等相关法律法规的规定并受到处罚，导致企业出现法律瑕疵而无法申报上市或申报时间延迟。

（4）资金到位后，在规定时间内，投资者不能通过上市或并购等方式退出。

（5）在投资者投资到企业首次公开发行股票期间，企业主营业务发生重大变更。

当以上情况出现时，股东就需要按照约定价格对投资者的股权进行回购，以此保证投资者的利益。

7.2.2 董事会席位条款

在融资协议中，董事会席位条款的表述通常是"投资者有权任命××名董事（投资者提名董事），包括投资者提名董事在内，董事会由××名董事组成"。对创业者来说，合理设置董事会席位非常重要。

根据相关法律的规定，有限责任公司的董事会成员为3～13人，股份有限公司的董事会成员为5～19人。通常情况下，董事会席位要设置成单数。如果董事会席位为双数，那么可能会出现投票僵局，如图7-1所示。

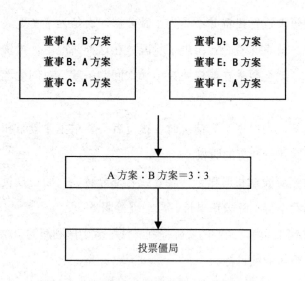

图 7-1 双数董事会席位可能出现的投票僵局

那么，董事会席位的具体数目应该如何确定呢？

由于后续融资会陆续引入新的投资者，董事会的成员数量会逐渐增加，因此首轮融资后的董事会成员为 3～5 人比较合适。在完成首轮融资后，创始团队应当拥有最多的股份，因此应当占有绝大部分的董事会席位。

如果在首轮融资完成以后，创始团队持有约 60%的股份，而投资者只有一个，那么董事会的构成应该是两个普通股股东+一个投资者；如果有两个投资者，那么董事会的构成为 3 个普通股股东+两个投资者。

一般董事会席位的设置采用"创始人+CEO+投资者"的模式，但其他合理的模式也是可以的。设置董事会席位的关键在于保证创始团队始终占据多数董事会席位，拥有对董事会的控制权。此外，进入董事会对投资者的持股比例是有要求的，至少达到 5%。

7.2.3 一票否决权条款

一票否决权条款属于保护性条款，目的是保护投资者的利益不受侵害。在拥有一票否决权后，投资者可以直接否决那些损害自己利益的行为。那么，创业者应当如何看待这一条款呢？

（1）创业者要了解一票否决权的范围。通常情况下，一票否决权的范围包括关于企业最重大事项的股东会决策和关于企业日常运营重大事项的董事会决策两类，如表 7-1 所示。

表 7-1　一票否决权的范围

范　　围	具 体 内 容
关于企业最重大事项的股东会决策	融资导致的股权结构变化； 企业合并、分立或解散； 涉及股东利益分配的董事会及分红； 章程变更等
关于企业日常运营重大事项的董事会决策	终止或变更企业的主要业务； 对高层管理人员的任命与免职； 对外投资等预算外交易； 非常规借贷或发债； 子企业股权或权益的处置等

从整体上看，关于企业最重大事项的股东会决策的范围仅限于涉及股东权益的最重大事项，而关于企业日常运营重大事项的董事会决策的范围则涵盖了日常运营中的各种事项。

（2）创业者要针对一票否决权和投资者进行谈判。创业者可以接受投资者的一票否决权，但要限定投资者在特定事项上使用。例如，当企业以不低于特定估值的价格被收购时，投资者不可以使用一票否决权，避免投资者因对回报期望太高而阻止企业被收购。创业者甚至可以将一票否决权的范围限制在对投资者利益有重大损害的事项上。

创业者是否接受投资者的一票否决权，还要看投资者的投资金额及股权比例。如果是种子轮和天使轮较小额度的融资，那么投资者一般不会要求让自己拥有一票否决权，因为投资金额和股权比例比较小，投资者坚持用一票否决权来保护自己是不合常理的。如果是 A 轮及后续轮次的融资，那么大多数投资者都会坚持要求让自己拥有一票否决权，由于投资金额和股权比例比较大，因此这一要求是合理的。

创业者还可以要求一票否决权的行使需要半数以上的投资者同意。这一约束措施可以防止单个投资者为了谋取个人利益而使用一票否决权。半数以上的投资者联合起来使用一票否决权，符合少数服从多数的公平理念。

总之，一票否决权的设计逻辑是合理的，创业者不需要过于害怕。聪明的投资者都知道企业的成功依靠的是创始团队，即便他们拥有一票否决权，通常也不会否决那些对企业发展有利的重大决策。如果投资者的一票否决权要求过于苛刻，那么创业者可以与其深入沟通。双方将各自的顾虑表达出来以后，一般可以找到一个都可以接受的平衡点。

7.2.4　优先购买权条款

优先购买权也叫优先受让权。融资协议中关于优先购买权的规定一般有以下两种。

一是创业者为防止股权被过度稀释，规定投资者按持股比例参与优先认购，通常表述为"若企业未来进行增资（向员工发行的期权和股权除外），则投资者有权按其届时的持股比例购买该等股权"。

二是企业进行后续融资，投资者可以享有优先购买全部或部分股权的权利，投资者放弃购买的，创业者才能向第三方融资，通常表述为"若在企业上市之前，股权持有者尚未向其他股权或优先股的已有股东发出要约，则不得处分或向第三方转让其股权。根据优先购股/承股权，其他股东有优先购买待售股权的权利"。

如果股东享受优先购买权但没有期限，那么很可能造成交易资源浪费并危及交易安全。对此，创业者在与投资者签订融资协议时，可以给优先购买权设置合理的期限。

企业融资涉及的法律问题颇多且比较棘手，股权转让及内部股东利益分配不均很容易导致僵局。因此，创业者应当在融资前就考虑好相关事宜。

7.2.5　优先跟投权条款

优先跟投权指的是，如果发生清算事件但投资者没有收回投资款，创业者自清算事件发生之日起 5 年内从事新项目，那么投资者有权优先于其他人对该新项目进行投资。

投资者的本次投资额与清算事件中投资者没有收回的投资款相加，二者之和被视为对新项目的投资款。下面通过数学计算来了解优先跟投权是如何发挥作用的。

投资者投资了 1000 万元，持股比例为 30%，企业可分配净资产为 1500 万元，按照投资款 150%优先分配，那么：

1000 万元×150%=1500 万元；

可分配净资产 1500 万元×30%=450 万元；

1500 万元+450 万元=1950 万元。

投资者收回的投资款为 1500 万元，不足部分为 1950 万元-1500 万元=450 万元。两年后，创业者二次创业，投资者优先投资 500 万元。那么，投资者对新项目的投资款为 450 万元+500 万元=950 万元。

一般来说，除非创业者很优秀，否则在清算结束的情况下，很少有投资者愿意再次投资。

7.2.6　优先清算权条款

在融资协议中，优先清算权条款非常重要。这里所说的优先清算权是指投资者在企业清算或结束业务时，具有优先于其他普通股东获得分配的权利。

优先清算权有固定的计算方法，即优先清算权=优先权+分配权。假设投资者投资了 3000 万元，持股比例为 30%，而企业的可分配净资产为 8000 万元，关于优先清算权的条款中规定该权利按照投资款 1.5 倍优先进行分配，那么其计算过程如下。

优先权下的投资回报：3000 万元×1.5=4500 万元；

分配权下的投资回报：（8000 万元-3000 万元）× 30%=1500 万元；

投资者的总回报：4500 万元+1500 万元=6000 万元。

优先清算权在清算事件出现后才生效。对创业者来说，清算是一件坏事，预示着企业破产。但对投资者来说，清算只是一件资产变现事件，具体是指股东通过企业合并、收购或企业控制权变更等方式出让企业权益而获得资金。

对大部分创业者来说，创业存在很高的风险。而在融资过程中，投资者为了降低风险，会要求自己拥有优先清算权。为了避免给自己带来麻烦，创业者需要详细地了解这一条款。

通常，聪明的投资者不会对优先清算权提出过高的要求，因为投资者要求的优先清算权越高，企业获得的利益越少，创业者的积极性就会越低。因此，为了平衡投资者和创业者的利益，投资者和创业者会达成一个合理的协议。在达成协议前，双方会就优先清算权进行反复商讨和谈判。一般来说，双方会从如图 7-2 所示的 3 种条款中选择一种合适的条款，以实现双方的利益平衡。

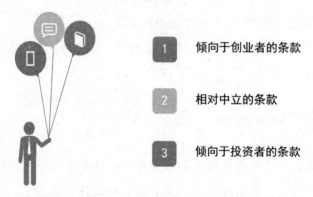

1　倾向于创业者的条款

2　相对中立的条款

3　倾向于投资者的条款

图 7-2　优先清算权条款的类型

1. 倾向于创业者的条款

倾向于创业者的条款是给予投资者 1 倍的优先清算权，投资者没有参与分配权。由于投资者需要承担的风险很高，因此此类条款很难获得投资者的同意。因此，在企业的实力未达到一定程度时，创业者尽量不要提出此类条款。

2. 相对中立的条款

相对中立的条款是给予投资者 1 倍或几倍的优先清算权，并且附带有上限的参与分配权。通常，投资者和创业者都更愿意接受这类条款，因为其既能分担风险，又能激发活力。

需要注意的是，双方应该在优先清算倍数和回报上限倍数上进行协商，以达成一致意见。一般来说，双方都乐于接受的优先清算倍数是 1～2 倍，回报上限倍数是 2～3 倍。

3．倾向于投资者的条款

倾向于投资者的条款是给予投资者 1 倍或几倍的优先清算权，附带无上限的参与分配权。创业者及其企业往往不会接受此类条款，因为会承受太大的融资压力，不利于自己的成长和发展。

在融资的过程中，创业者需要根据企业的发展阶段、盈利模式等具体情况，选择最合适的优先清算权条款，与投资者实现互利共赢。

7.2.7 随售权与拖售权条款

为了保证投资者能够在企业减少或丧失投资价值的情况下退出，融资协议中应该约定出售股权的保护性条款。这些条款包括但不限于以下几个。

1．随售权条款

如果企业的控股股东拟将其全部或部分股权直接或间接地出让给第三方，那么投资者有权但无义务在同等条件下，优先于控股股东或按其与控股股东之间的持股比例，将其持有的相应数量的股权出售给拟购买待售股权的第三方。

2．拖售权条款

如果在约定的期限内，企业的业绩达不到约定的要求，或者不能实现上市、挂牌、被并购的目标，或者触发其他约定条件，那么投资者有权强制企业的控股股东按照投资者与第三方达成的转让价格和条件，和投资者共同向第三方转让股权。

7.2.8 反稀释条款

反稀释条款也叫反摊薄条款，是一种用来保护投资者利益的条款。其核心目的是保护投资者的股权不会因为企业以较低的价格发行新股而被稀释。

许多投资者都将反稀释条款作为投资条件之一。例如，原始股东拥有 100 股股票，价值为 100 万元，投资者 A 向原始股东购买 50 股股票，价值为 50 万元。此时，投资者 A 占有企业 50%的股权。假设企业准备向另一投资者 B 增发 50 股价值为 50 万元的股票，那么投资者 A 的持股比例就从 50%降至 33.33%，这种情况即为比例摊薄。如果签订了反稀释条款，投资者 A 的持股比例不会因为后续融资而降低，或者即使降低了也可以得到一定的补偿，就可以保证其权利不受损害。

7.2.9 估值调整条款

估值调整又称对赌，即企业的控股股东向投资者承诺，在未完成约定的经营指标（如净利润、主营业务收入等），或者不能实现上市、挂牌、被并购目标，或者出现其他影响估值的情形（如丧失业务资质、发生重大违约情况等）时，就对约定的投资价格进行调整或提前退出。

在谈判时，估值调整条款包括但不限于以下内容。

1. 现金补偿或股权补偿

若企业的年度实际经营指标低于年度保证经营指标，则控股股东应给予投资者现金补偿或者以等额的股权给予投资者股权补偿。应补偿现金=（1-年度实际经营指标/年度保证经营指标）×投资者的实际投资金额-投资者持有股权期间已获得的现金分红和现金补偿。

但是，股权补偿机制可能导致企业的股权发生变化，影响股权的稳定性，在上市审核中不易被监管机关认可。

2. 回购请求权

回购请求权（Redemption Option）是指如果在约定期限内，企业的业绩达不到约定要求或者不能实现上市、挂牌、被并购目标，那么投资者有权要求控股股东和其他股东购买其持有的股权，以便可以退出；也可以约定溢价购买股权，溢价部分用于弥补资金成本或者基础收益。

如果投资者与企业签订回购请求权条款，那么当触发回购义务时，将涉及减少企业的注册资本，操作程序较复杂，不建议采用。投资者与股东签订的条款是各方处分其各自的财产，应当认定为有效。投资者与企业签订的条款则涉及处分企业的财产，可能损害其他股东、债权人的利益，或者导致股权不稳定和存在潜在争议，应当认定为无效。

7.3　融资协议背后的隐藏风险

融资涉及金融、财务、法律、企业管理等多个方面，专业性非常强，而融资协议则是各方权利和义务的最终体现。在投资者面前，创业者要保持冷静与谨慎，充分认识到融资协议背后的隐藏风险，如股权锁定条款、对赌协议、会签条款、私人财产担保条款等，并对这些风险提前做好预防。

7.3.1　股权锁定条款：创业者无法动用股权

创业者的股权被锁定是融资协议中常见的陷阱之一，是指创业者未经全部或部分特定投资者许可，不能在企业上市前转让自己的股权。对投资者来说，股权锁定可以有效防止创业者抛售股权出走，有利于创业者的稳定。

一般这类条款对创业者的影响不大，因此大多数创业者都会接受。但是，也有一小部分创业者因为接受这一条款而遭受巨大损失。

夏某与陈某是大学同学，两人毕业后一起创立了一家手游企业，全力进军手游市场。为了拿到天使投资者的投资，夏某与陈某没有考虑到融资协议中股权锁定条款的影响，而这为他们后来的遭遇埋下了伏笔。

依靠巨额投资，夏某与陈某的手游企业先后推出了多款游戏，得到了市场认可。然而，随着合作上的矛盾越来越多，夏某与陈某的关系不再亲密无间。最终，夏某递交了辞呈，决定将自己的股权转让出去，并通过二次创业实现自己的梦想。由于融资协议中包括股权锁定条款，除非投资者同意或者企业上市，否则夏某不能转让自己的股权。这家手游企业刚完成天使轮融资，距离上市还有很远的路要走，夏某如果等到上市以后再进行二次创业，就为时已晚。夏某与陈某共同创建的手游企业始终勉强经营着，持有股权的夏某因此被套牢。夏某的遭遇虽然让人同情，但是不可否认的是，如果没有股权锁定条款，夏某轻易转让了自己的股权，就会给投资者带来很大的损失。

同样是股权转让被限制，王某与夏某的遭遇截然不同。王某是某企业的创始股东，在股权限售期内出售了自己持有的全部股权。以下是该企业发布的《关于股东签署附生效条件的股权转让协议的公告》的主要内容："企业于近期得知，创始股东王某因个人创业需要资金，经与张某多次协商，欲将其持有的 1000 万股股份转让给对方，每股价格为 5.25 元。由于该股权处于限售期内，双方签署了附带期限生效条件的转让合同，张某以借款名义向王某提供 500 万元，作为转让款的一部分，同时双方签署股权质押合同，王某持有的全部股权质押在张某名下，并办理了股权质押手续。王某近期辞去监事职务，其持有的全部股权需半年后方可解除限售。"

无论是股权锁定条款还是股权限售条款，都不是绝对的。只要创业者与投资者协商沟通，征得投资者的同意，就能够转让股权。股权锁定条款是合理的，几乎所有的投资者都会要求这一条款，因此创业者要做好准备。

7.3.2 可能致命的对赌协议

关于对赌协议，真格基金的联合创始人王强给了创业者一个忠告："我呼吁，一个创业者，尤其是起步时期的创业者，千万不要签订对赌协议。除非，你不热爱你所创立的事业。"

实际上，签订对赌协议意味着企业必须实现很难实现甚至无法实现的目标。创业者签订对赌协议可能会使经营企业的初心毁于一旦，因此无论企业经营多么困难，创业者都必须想方设法防范对赌协议的风险。防范对赌协议风险的措施如图 7-3 所示。

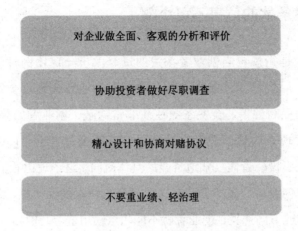

图 7-3　防范对赌协议风险的措施

第一，对企业做全面、客观的分析和评价。无论是否签订对赌协议，创业者都应当对企业（包括历史、现状及未来的业绩）做出全面、客观的分析和评价。在此基础上，创业者就可以向投资者提供合理的预期增值数据。为了获得融资而伪造经营业绩是不可取的。

第二，协助投资者做好尽职调查。尽职调查是降低风险的有效措施。对投资者来说，尽职调查可以筛选目标企业，降低投资风险。创业者应当向投资者公开企业的真实信息，协助投资者进行尽职调查，这样才可以保证双方在共同受益的前提下设定对赌协议。如果创业者为了融资而虚报数据来欺骗投资者，那么最终会自己承担风险。

第三，精心设计和协商对赌协议。当投资者要求签订对赌协议时，创业者应当聘请专家审核对赌协议，并与投资者约定一个向下浮动的弹性标准。在上市方面，创业者应当尽可能争取较为宽松的预期时间。

第四，不要重业绩、轻治理。有些创业者被逼无奈签下了对赌协议，为了实现对赌目标，他们重业绩、轻治理，重发展、轻规范，最终对赌失败。原因在于企业的经营管理是保证企业持续稳定发展的前提，忽视了底层建设，企业的发展自然不会长久。

对赌协议的风险非常高，一步走错，创业就面临失败。因此，创业者一定要谨慎对待对赌协议，除非迫不得已，否则不要签订。

7.3.3 会签条款的危害不可小觑

会签条款是指规定当创业者花费的资金大于一定比例时，就必须由双方共同会签，融资协议才能生效的条款。对创业者来说，会签条款百害而无一利，必须提高警惕。会签条款往往非常隐蔽，创业者如果不仔细查看，就可能无法发现。即使创业者注意到了，有的投资者也会以把控财务流程为由搪塞过去。投资者需要知道资金的具体流向，这个理由看上去非常充分，实际上会束缚创业者。虽然创业者在董事会有较大的话语权，但是如果投资者与创业者出现不同意见，创业者就不能随意动用资金。例如，2022 年 1 月，某电商企业获得了 2000 万美元的资金，在花费 450 万美元后，创始人与投资者产生了严重的分歧。在资金的具体使用方面，投资者占有绝对的主导地位。最终，这家电商企业虽然成功融资 2000 万美元，但实际上在只花费 450 万美元之后便遭到了投资者的撤资。

由此可见，创业者在与投资者签订融资协议时，一定要警惕会签条款，一旦发现"资金大于一定比例""花费过多"等字样，就必须认真阅读、精准判断。

7.3.4 谨慎识别私人财产担保条款

最近，创业者张某因为融资协议而感到非常苦恼，具体情况如下。

张某获得了 8000 万美元的投资，但投资者要求在融资协议中加入私人财产担保条款，即创业者及其直系家庭成员以个人名义和财产为此次融资担保。张某不知道这样的条款是否合理，所以一直没有签订融资协议，投资者的资金也就迟迟没有到账。

实际上，对张某这样的创业者来说，私人财产担保条款是一个大坑，稍有不慎就会掉进去。企业刚刚创立，市场风险非常高，一旦经营不善，投资者的资金就打了水漂，但如果有私人财产担保条款，投资者就可以向创业者索要赔偿，以弥补自己的损失。

在企业倒闭后，创业者的所有辛苦和努力都化为泡影，如果再加上投资者的债务，就可能难以承受。因此，对于私人财产担保条款，创业者应该能避免就避免，这才是理智而正确的选择。当然，并不是所有投资者都会要求签订私人财产担保条款，即便如此，创业者还是要提高警惕，以防自己陷入困境。

在成功获得融资前，创业者可以聘请一位专业且经验丰富的律师，帮助自己发现融资协议中不合理的条款。

7.4　案例分析：融资协议纠纷及一审民事判决

在融资过程中，创业者与投资者产生分歧和纠纷是很正常的事，但如果处理不好，那么不仅会影响融资进度，其中一方还有可能受到法律制裁。本节整理了几个经典案例，希望可以帮助创业者提前规避风险。

7.4.1　某股权转让纠纷及一审民事判决

基本案情

2021 年，原告张某、王某与被告巩某签订《股权转让协议书》，约定巩某将其持有的某煤矿公司股权中的 50%转让给张某和王某。事后张某、王某向巩某支付了大部分转让款。

2022 年，该煤矿公司将其全部资产转让给某有限责任公司。之后，因原告、被告之间就如何分配盈余未达成协议，故原告起诉被告，要求其按照股权比例进行盈余分配。

张某、王某认为他们已经按要求支付了大部分转让款，是该煤矿公司的合法股东，理应按股权比例享有相应的盈余分配权，因此要求被告进行盈余分配。

巩某认为，该煤矿公司无论是作为公司还是合伙企业，都没有达到进行盈余分配的条件，而且张某、王某没有支付全部转让款，他们的股权应按实际出资比例计算。

一审民事判决

（1）法院认为，由于该煤矿公司的全部资产已处置，现虽未进入清算程序，但实质上已处于停业状态，应视为实际已达到盈余分配条件，可依据各自的股权比例对盈余进行分配。

（2）张某、王某虽未全部支付转让款，但不妨碍其成为股东并享有相应的股权比例。其未支付全部转让款的行为违反了转让协议约定，应由巩某向其追讨违约责任，或者在其应得盈余分配款中扣除，并给巩某。

案例启示

法院并没有完全按照法律规定判案，当公司已进入实质清算状态时，公司大股东或实际控制人不能以股东会决议未通过为由，不进入清算程序。

7.4.2 某债务纠纷及一审民事判决

基本案情

张某和李某为好友，2021年两人按约定各出资10万元创立了一家企业，经营珠宝加工、销售业务。然而，该企业运作不到一年就因为经营不善严重亏损，欠债50万元。张某因为投资其他项目失败而没有任何财产，李某尚有存款100多万元。

张某和李某为合作伙伴，对企业亏损负有同等责任，在李某有能力偿还的情况下，债权人要求李某全额偿还所欠债务。

一审民事判决

张某和李某对债务承担连带责任，因此50万元的债务不能因为企业的资不抵债、倒闭而免除，二人必须清偿所欠债务。债权人有权向张某或李某任何一人追讨债务，如果张某无力清偿，那么李某必须全额还债。李某多清偿的债务，只能在日后另行向张某追讨。

案例启示

合伙企业的利润和亏损，由合伙人依照合伙协议约定的比例分配和分担；合伙协议未约定利润分配和亏损分担比例的，由各合伙人平均分配和分担。合伙人对企业债务承担连带责任，当所清偿数额超过其应当承担的数额时，有权向其他合伙人追偿。

7.4.3 某股东认定纠纷及一审民事判决

基本案情

被告李女士在 2021 年以投资者的身份登记设立一家书店，被告李女士、黄先生与原告董先生均为书店的经营付出了资金与精力，3 人共同经营书店，有采购资料为证。由于 3 人认为大家都是朋友、彼此值得信任，因此 3 人并没有签订明确的书面协议。

董先生称，因经营理念产生分歧，李女士与黄先生不再承认董先生的股东身份，不再让其参与书店管理。在无法协商的情况下，董先生只能起诉，请求法院确认自己的股东身份。

李女士与黄先生辩称，他们两人才是书店的股东，董先生只是关系好的朋友，采购单也是由两人出资的，董先生只是帮忙采购，由于没有书面协议，董先生才信口雌黄，想趁机取得一些好处。

一审民事判决

董先生提交了李女士于 2021 年亲笔书写的关于书店共同财产及 3 人出资额使用情况等说明，还有书店采购合同及凭证。李女士亲笔书写的材料中对共同财产、3 人的出资情况表述明确，据此可以证实董先生已经履行出资义务并和黄先生、李女士共同经营书店，3 人存在商业关系。

李女士对 3 人的出资情况无法做出合理的解释，黄先生提供的银行流水也无法与书写材料中记载的董先生的支出费用相对应，故法院依法确认董先生为书店的股东。

案例启示

很多创业者的投资者是朋友或者亲属，出于对对方的信任，经常出现不签订融资协议或者融资协议内容模糊的情况，导致在出现问题时众说纷纭。彼时如果没有保存完善的证据，法院就很难做出正确的评判。

因此，为了避免投资纠纷及亲朋好友之间反目成仇，创业者在创业之初就应该与投资者签订融资协议，明确规定各自的出资方式及出资额、股权比例、分配利益与承担责任的方法等一系列重要事项。这样，无论未来创业者与投资者之间发生什么变数，都有据可依。

7.4.4 某融资协议纠纷及一审民事判决

基本案情

李氏三兄弟共同创立了一家电镀厂，该工厂属于合伙企业。2021年3月，他们的朋友王某想为工厂投资，但大家协商后决定不签订融资协议，而签订合伙协议，约定王某用劳务出资，占5%的股权并于年末分得相应的利润。

2022年1月，工厂因经营不善产生200万元的债务，需要清偿欠款。由于合伙人承担无限连带责任，因此王某需要承担所占股权比例的债务。

一审民事判决

王某虽然提供的是劳务，但签订的是合伙协议，以劳务入股并在协议中将劳务折算为5%的股权，因此王某为合伙人，承担相应的责任，应对工厂的亏损负责。

案例启示

投资者可以用劳务出资，但只要签订了合伙协议，就被认定为企业的合伙人，在企业亏损时需要承担连带责任。

进阶篇
修炼高级融资能力

第8章

融资术语与风险投资的逻辑探究

"知己知彼,百战不殆。"创业者在融资时要深入了解投资者,掌握一些常用的融资术语,同时要了解投资者的投资逻辑,这样才能听懂投资者说的话,用更快的速度获得投资者的资金和资源。

8.1　投资者常用的融资术语

"我们研究了一下你的 Deal,有创新的 Business Model 和健康的 Cash Flow,稍后我们会给你一份投资意向书。"类似这样夹杂着英文单词的话在投融资领域中非常流行。这也从侧面反映出,创业者和投资者打交道,不学习一些投资者常用的融资术语是不行的。

8.1.1　项目

项目即 Deal。如果投资者说"我们有很好的 Deal 资源",意思就是"我们有很好的项目资源"。

对创业者来说,自己一手创建的企业就像自己的孩子一样。不管规模大小、盈利情况好坏,创业者都会全心全力地经营企业。当然,创业者通常会给企业取一个好听的名字。在投资者心里,所有等待自己选择的企业都是项目。除了项目,Deal 还有另外一个意思——交易。也就是说,投资者的每一次投资行为都是一笔交易,即用钱买股权。

普通投资者倾向于将项目称作 Deal,而战略投资者常常将被投资企业称为 Project。因为战略投资者的投资行为是基于长远战略的考虑的，被投资企业能否产生直接的投资回报是次要的，战略投资者的投资行为更像一个系统工程，所以将被投资企业称为 Project 更贴切。

8.1.2 商业模式

商业模式即 Business Model。如果投资者说"给我讲讲你们的 Business Model"，意思就是"给我讲讲你们的商业模式"。

创业者要想拿到投资者的投资，必须用最短的时间告诉投资者自己计划怎样从用户那里获得利润。不同的企业、不同的业务，其商业模式有所不同。有的商业模式比较简单，如携程旅行网是通过向入驻机构收取提成来盈利的；有的商业模式比较复杂，如当当网的图书业务需要有库存、运输等；还有的商业模式很直接，如电商网站的销售业务等。

创业者在介绍商业模式时，需要描述业务流程，告诉投资者用户是谁、产品或服务是如何到达用户端的。此外，业务合作伙伴有哪些、他们分别有什么作用及如何分配收入也是投资者关心的内容。

商业模式的可行性是很关键的。一般来说，投资者想知道商业模式是否已经得到市场验证、现在是否已经盈利（如果没有盈利，那么还需要多长时间才能盈利）。需要注意的是，如果投资者要求描述企业的商业模式，那么创业者不需要说得天花乱坠，只需简单、清晰地表达出来就好。任何商业模式的实质都是买和卖。如果创业者向投资者宣称商业模式是全球首创的，那么往往意味着此商业模式很复杂，投资者很可能会拒绝投资。

8.1.3 现金流

现金流即 Cash Flow。如果投资者说"你们的 Cash Flow 还太小"，意思就是"你们的现金流还太小"。现金流的全称为现金流量，是指企业在一定时期的现金和现金等价物的流入与流出的数量。最优质的现金流应当能保持流动性与收益性之间的平衡。

现金流的来源主要有 3 种：一是经营活动产生现金流，如销售产品、进行市场推广等；二是投资活动产生现金流，如购买或变卖固定资产等；三是融资活动产生现金流，如银行贷款、股东投入、外部融资等。

如今，大多数企业还处于由自身的盈余决定是否进行再生产的传统经营状态。在互联网时代，传统经营模式给处于成长阶段的企业带来了很多困难。在竞争日趋激烈的市场环境中，企业如果不能实现快速发展，就会被竞争对手超越，甚至被市场淘汰。创业者应当严格管理企业的现金流，尽量提升现金流的使用效率。

8.1.4　尽职调查

尽职调查即 Due Diligence，简称 DD。如果投资者说"下一步我们会去做 DD"，意思就是"下一步我们会去做尽职调查"。尽职调查从开始到结束的时间一般为几个星期，只有少数经验丰富的专业投资机构只需要几天就可以完成尽职调查并做出最终决策。

在尽职调查过程中，投资者会给创业者发一份几页到几十页不等的尽职调查清单，要求提供企业的各项资料。之后，投资者会认真参观企业，与中、高层管理人员交谈。投资者也有可能咨询企业的律师和贷款银行、供应商、客户及管理人员曾经的上司和同事。此外，投资者还有可能调查信息提供者，以保证信息的真实性和可信度。

尽职调查不仅是企业证明实力、顺利拿到融资的机会，还是发现问题、提高自己的机会。面对流程烦琐的审核和考察，创业者应当耐心、积极地配合，不能敷衍或者企图蒙混过关。

创业者在选择投资者时也需要做尽职调查，了解投资者的情况。投资者一般会展示他们提供资源和增值服务的能力，而创业者需要验证其真实性。创业者还需要了解投资者在业内的名声如何、是否难相处、投后管理效率高低、有什么增值服务、介入企业管理的程度如何、能否为后续融资提供帮助等情况。

8.1.5　股权

股权即 Equity。如果投资者说"你们企业会分配 Equity 吗"，意思就是"你们企业会分配股权吗"。绝大多数投资者会要求企业重新分配股权，而且要确定股权分配是合理的。创业者不妨从以下几个方面对股权分配情况进行分析。

（1）创始人的股权比例在 30%以上比较合理，其他股权可以分配给联合创始人、核心管理人员、投资者、基层员工等。如果创始人 100%控股，其他相关方没有股权，就属于创始人单独创业。投资者通常不喜欢此类企业。这也从侧面反映出，创始人不懂得团队协作的重要性。

（2）创始人及其团队最好能控股，即使不能控股，也要保持对企业的控制权，否则会影响后续轮次的融资。具体来说，如果创始人及其团队没有能力控股，又在决策中失去了控制权，企业后续轮次的融资就很难吸引其他投资者。

（3）如果企业是由某个上市企业或者大型集团孵化的子企业，那么管理团队要有一定的股权，而且在项目推进过程中要有较大的话语权和管理权。母企业或者控股企业要对子企业给予支持，否则会影响投资者的投资决策。一些母企业或者控股企业完全控制子企业，不给子企业的管理团队任何股权，或者不为子企业提供任何资源支持，企图让子企业自生自灭，这会导致子企业面临的不稳定因素增多，失去投资者的信任。

8.1.6　市盈率

市盈率即 P/E。如果投资者说"我们只能给 10 倍 P/E"，意思就是"我们只能给 10 倍市盈率"。市盈率即每股价格（或企业市值）除以每股盈利（或企业利润）所得出的比率。其中，P 代表每股价格（Price），E 代表每股盈利（Earning）。

如果一家企业上一年的利润是 3000 万元，采用 10 倍市盈率，投后估值就是 3 亿元。如果投资者投入 4500 万元，股权比例就是 15%。需要注意的是，早期项目的价值主要取决于创业团队、技术、商业模式等非财务指标，与市盈率通常没有很大的关系。在这种情况下，投资者会判断项目未来的发展前景，而创业者则应该积极配合其完成此项工作。

8.1.7 首次公开募股

首次公开募股即 IPO。首次公开募股通常意味着上市，但也有首次公开募股后上市失败的可能性。如果投资者说"你认为企业几年之内可以 IPO"，意思就是"你认为企业几年之内可以上市"。

投资的目的是获得回报，由于企业通过上市带来的增值效果最好，投资者获得的回报更多，因此上市是投资者最理想的退出途径。下面是投资者在企业上市时退出的 3 个优势。

第一，投资者出售股权更容易。在企业上市后，投资者可以在证券市场上直接把自己持有的股权出售给散户，实现快速变现。如果企业没有上市，投资者要想退出，就需要找一个接手人，这不仅耗费时间，还有可能找不到合适的接手人。

第二，股权有了公开的市场价格。在企业上市后，股权价格就成为由市场调节的公开价格。众所周知，掌握信息最多的人议价能力最强，而投资者在企业上市前就已经对企业有充分的了解，所以议价能力相对较强。相比之下，证券市场里的散户对企业的了解最少，很容易高价购入股权。此外，因为企业上市后的股权价格远高于上市之前的股权价格，所以投资者通过将股权出售给散户可以获得更多回报。

第三，风险投资基金可以通过股权分配实现退出。因为上市企业的股权流通便利，所以当风险投资基金寿命期结束时，在股市行情不好的情况下，投资者可以选择不变现手里的股权，而将股权分配给出资人。在这种情况下，出资人可以等待时机自行处理股权，以实现利益最大化。如果企业还没有上市，那么出资人一般不会接受这样的股权。

对投资者来说，飙升的股价和更高的估值是极具诱惑力的，但上市对企业的资质要求较严格、手续比较烦琐、成本过高。因此，创业者不需要向投资者保证企业未来一定会上市，但可以描述企业上市的可能性，投资者在看准项目后往往愿意赌一把。

8.2　关于风险投资的必知关键点

1993 年，IDG 进入我国，并带来了风险投资的概念。如今，我国比较活跃的风险投资者越来越多，他们经过时代的洗礼，积累了一定的经验，投资理念不断升级，让整个投融资领域焕然一新。本节梳理了关于风险投资的必知关键点，供大家参考。

8.2.1　本土风险投资者的强大竞争力

2005 年以前，海外风险投资者几乎垄断了对我国知名互联网巨头企业的投资。后来本土风险投资者开始崛起，其强大的竞争力也逐渐显现出来。经纬中国的创始管理合伙人张颖和创始合伙人邵亦波、今日资本的 CEO 徐新、纪源资本的管理合伙人李宏玮、红杉资本中国基金的创始合伙人沈南鹏等都是非常有影响力的本土风险投资者，他们具备年轻、接地气的特点，对控制权的要求逐渐放松，而且逐渐放下身段，与创业者一起解决创业过程中遇到的各种难题。

同时，本土风险投资者有自己的创业模式，尽管他们没有抓住 BAT（百度、阿里巴巴、腾讯）三大互联网巨头企业带来的投资机会，但依然在积极寻找下一个机会。例如，高德、豆瓣、唯品会、口袋购物、三只松鼠等非常有特色的企业都曾经得到过他们的帮助和支持。

那么，创业者应该如何做才能获得本土风险投资者的青睐呢？解决这个问题的关键在于制定融资战略、重视产品和用户体验、培养人才、重视财务部门。只有做到这几点，创业者才基本满足了大多数本土风险投资者对创业者的要求，获得投资的可能性才能更大一些。

8.2.2 技术当道，新型风险投资者崛起

如今是技术当道的时代，重视技术的新型风险投资者发挥了带头作用。其中，创新工场、真格基金、米仓资本都强调服务于创业者。新型风险投资者是多元化的，众多科技巨头企业的创始人、高层管理人员纷纷投身于新时代的风险投资行业。他们以新锐的视角推动了技术创业热潮的来临，创业不再是少数人的权利。

新型风险投资者把服务于创业者的理念发挥得淋漓尽致，不仅为创业者提供资金支持，还在思想上支持、鼓励创业者。新型风险投资者通常更青睐于早期投资，在投资时非常关注两大因素：一个是趋势，另一个是人。

趋势就是风口，创业者应当把握技术时代的风口。例如，蜻蜓 FM 把传统广播转移到移动平台上，使其产生新的价值，获得了创新工场的投资，取得了不俗的成绩。

人主要是指创始人。创始人应当有作为领导者的魄力与执行力，有创建企业价值观与文化的能力，有组建创业团队的能力，有凝聚力和向心力。如果创始人的能力足够强大，那么被新型风险投资者看中的可能性就会非常大。

8.2.3 天使时代，风险投资者的发展趋势

天使时代的风险投资者分为两种，第一种是老牌风险投资机构的投资者成立的新的风险投资基金。这些基金的特点如下：投资规模小，募集金额为几亿元或几亿美元；创始人的投资经验丰富，有的甚至拥有 10 年以上的投资经验；团队成员少，一般不会超过 10 个。

第二种是功成名就以后转行做投资的创业者。最近几年，从腾讯、阿里巴巴等知名企业走出来的创始合伙人、高层管理人员等都开始做投资，而且实力强大。例如，腾讯前高级副总裁吴霄光创立了微光创投、阿里巴巴早期团队成员沈振创立了米仓资本等。

随着天使时代的到来，风险投资界已经进行了自我革命。新一代风险投资者呈现出下 4 种发展趋势，如图 8-1 所示。

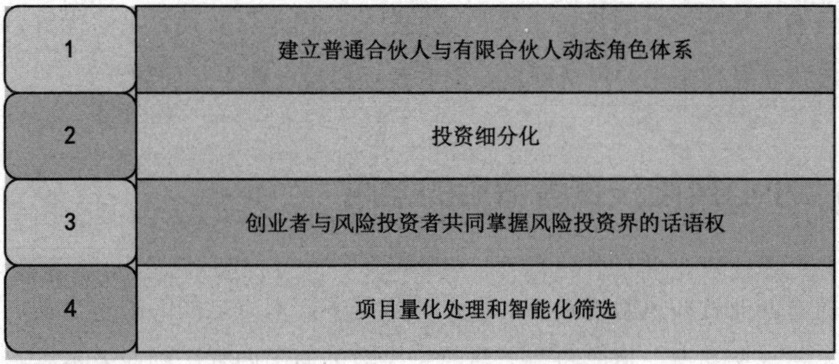

1	建立普通合伙人与有限合伙人动态角色体系
2	投资细分化
3	创业者与风险投资者共同掌握风险投资界的话语权
4	项目量化处理和智能化筛选

图 8-1　新一代风险投资者的 4 种发展趋势

在动态角色体系下，普通合伙人与有限合伙人的角色不是固定的，可以根据需求进行转换。一些风险投资者甚至脱离投资机构作为普通合伙人独立参与投资，而投资机构也可以根据不同的项目选择担任普通合伙人还是有限合伙人。

险峰长青拥有电商创业和社交创业背景，专注于投资电商和社交类的早期创业项目。其中，电商早期创业项目的占比为 40%，如大宗产品电商项目"化时代"、家居建材电商项目"千家万纺"等。对细分领域的创业者来说，专注于细分领域项目的风险投资者更受欢迎。未来，专门投资教育、旅游、医疗等领域项目的风险投资者将越来越多。

风险投资者对创业者的帮助不仅体现在资金方面，还体现在社交、行业经验等多个方面。因此，风险投资者在短期内掌握着风险投资界的话语权，这在很大程度上限制了创业者的发展。从长远来看，创业者与风险投资者应当共同掌握风险投资界的话语权，因为风险投资者的投资本身就具有创业的性质，而创业者后期也有可能转型为风险投资者。

当创业成为一种常态时，各行各业随时都会诞生海量的初创项目。而风险投资者不仅要及时跟进项目的发展，还要及时寻找新项目。在这种情况下，人为地寻找、筛选、跟进项目已经不能满足风险投资者的需求。因此，项目量化处理和智能化筛选成为风险投资者的发展趋势。这样不仅可以降低风险投资者的运营成本和投资风险，还可以使风险投资者挖掘到更多好项目。

虽然风险投资者的投资风格会发生变化，但是只要项目足够优质、能让风险投资者看到未来的投资回报，创业者获得投资就不是问题。

8.3 小心风险投资者背后的陷阱

随着创业者和风险投资者的数量越来越多，双方之间的关系也发生了变化，不再那么和谐。风险投资者将投资失败的原因归咎于创业者不靠谱，而创业者也开始防备风险投资者设陷阱。就目前的情况来看，的确有很多缺乏职业操守的风险投资者会给创业者设陷阱，以牟取不正当的利益。

8.3.1 风险投资者背后的陷阱有哪些

融资非常艰难，一不小心就会"触雷"而导致失败。分析风险投资者背后的陷阱，总结规避陷阱的经验，有利于创业者顺利融资。目前，比较常见的风险投资者背后的陷阱有以下两个。

1. 套取企业的关键数据

被风险投资者套取企业的关键数据这样的事屡见不鲜。有些创业者想创业却没有好的创意，于是假扮风险投资者，以风险投资者的身份参加各种融资沙龙峰会，在需要融资的项目中寻找与自身比较匹配的项目。等到沙龙峰会结束后，他们就私下和创业者进行深入沟通，从而继续考察项目，深入了解项目的流程和核心要点，等到收集足够多的信息后就果断退出，自己研发类似项目。

为了降低风险，创业者可以与风险投资者签订保密协议，保证企业的关键数据不被泄露。通常，保密协议中应该做如下规定："双方因为投资意向关系获得的对方未公开的资料仅限于指定用途，未经对方许可，不得用于其他目的或者向第三方泄露。"如果风险投资者没有遵守保密协议的规定，就构成违约，创业者可以要求其赔偿或通过法律途径维护自己的权益。

2. "放鸽子"

风险投资者既担心好项目被别人抢走，又担心投错项目或者给了高估值，所以通常"广撒网，重点打捞"。这是合情合理的，更何况投资意向书中的商业条款不具备法律效力，风险投资者可以在签订投资意向书后不投资。然而，创业者是等不起的，一旦错过最佳融资时机，企业就有可能因为现金流断裂而倒闭。

如果创业者想融资，但不想让太多的风险投资者了解项目，就可以要求风险投资者支付一定的费用才可以进行尽职调查，将这些费用作为保证金来约束风险投资者。对于风险投资者"放鸽子"的行为，很多业内人士的看法是理智的。他们认为创业者和风险投资者都不容易，只要没有签订最后的融资协议，就允许任何一方反悔，因此创业者应该有心理准备。

对处在融资阶段的企业来说，最重要的就是时间和估值。因此，创业者必须在这方面对风险投资者有所防范，不要轻易被风险投资者欺骗。

8.3.2　被风险投资者设陷阱，损失一大笔钱

李某于 2016 年年底在深圳创办了一家小企业，到 2022 年年底已经满 6 年了，企业发展得很好。李某想扩大规模，于是想进行融资。李某先后找了很多风险投资者和投资中介机构，但遗憾的是，他们都以李某的企业规模太小为由拒绝投资。

后来一家声称总部在美国的投资集团表示出投资意向，李某非常高兴。双方第一次见面非常顺利，该投资集团的杨经理详细地了解了李某的项目，并给出了很高的评价。李某非常感激杨经理对项目的青睐，因此在杨经理提出考察项目的可行性并按照集团的规定由李某预付 1 万元考察费时，李某立即同意了。

随后，在估值环节，杨经理说道："估值我们说了不算，您说了也不算，应该由有资质的评估机构做出更精准的评估。"停顿片刻，杨经理看了李某一眼，继续说道："我们可以给您推荐一家著名的评估机构，但按照规定，

评估费用要由您自己支付。"

李某来到杨经理推荐的评估机构进行咨询，评估机构的工作人员给出了评估费用——3.2 万元。虽然这不是一笔数目很大的钱，但李某还是有些犹豫，担心被骗。杨经理打电话询问李某估值的情况，表示可以破例为他承担 10% 的费用。李某想到自己之前从网上查过杨经理任职的投资集团，工商部门对该投资集团也有相关登记，而且某商业报刊上还有该投资集团中国区负责人考察项目的报道，于是打消心中的疑虑，支付了评估费用。在评估报告出来后，李某与杨经理签订了投资意向书，杨经理告诉李某，资金会在 1 个月后到账。

随后的一段时间，李某每天都很高兴，思考拿到资金后如何扩张企业规模。然而，过了一个月，李某没有拿到一分钱，便主动联系杨经理。杨经理在电话里说："总部认为您的商业计划书不合格，按照规定，您需要重新制作商业计划书，制作单位由我们指定，钱由您出。"这次李某没有任何犹豫就拒绝了。杨经理没有放弃，接着说："商业计划书不修改也可以，但中、英文版审慎调查报告不能少，同样是制作单位由我们指定，钱由您出。"

杨经理通过各种名目收费，李某怀疑自己掉入了陷阱。因此，李某决定与杨经理面谈，希望探知真相。然而，杨经理的企业已经搬走了，李某不知道杨经理的去处，杨经理的电话也无人接听。最后，李某只能独自咽下苦果，花钱买了个教训。

投资中小型企业是有风险的，风险投资者在对企业估值后不投资是一种正常现象。如果创业者都像李某这样吃哑巴亏，就可能让一些不法分子更嚣张。因此，在必要时，创业者要拿起法律武器保护自己，挽回部分甚至全部损失。

第9章

从投资者的角度看
"势" "事" "人"

从本质上说，创业者和投资者是利益共同体，二者的目标都是使企业发展壮大，让企业快速增值，最终顺利上市，获得丰厚的收益。

为了更好地实现这个目标，投资者会从创业者的角度思考问题。同理，创业者也要从投资者的角度看"势"（哪些领域有投资前景）、"事"（什么样的项目值得投资）、"人"（受欢迎和不受欢迎的创业者分别有何特点）。双方要把相关细节落实，共同推动融资成功。

9.1 投资者如何看"势"

雷军曾经说过，站在风口上，猪也能飞起来。近几年，从半导体到健康医疗，再到企业级应用，越来越多的风口如雨后春笋般涌现。很多投资者都看好这些领域，希望为涉足这些领域的创业者投资。因此，创业者在选择创业方向时不妨多关注这些领域，以便更好地吸引投资者，从而筹集到更多资金。

9.1.1 半导体及 MES 的广阔市场

半导体在很多方面都有应用，如集成电路、光电子器件、电力电子器件、通信系统等，由此带来的广阔市场对投资者来说是非常有吸引力的。

MES 是一种制造执行系统，是位于上层的计划管理系统与底层的工业控制之间的面向车间的管理信息系统，可以帮助操作/管理人员实时追踪所有资源（如人、设备、物料、客户需求等）当前的状态。

一个设计良好的 MES 可以在统一平台上集成包括生产调度、产品跟踪、质量控制、设备故障分析、网络报表等在内的诸多管理功能。另外，它也可以使用统一的数据库实现网络连接，同时为生产部门、质检部门、工艺部门、物流部门等提供信息管理服务。

半导体领域是一个典型的技术密集型领域，其生产工艺的复杂性和精确性要求相关企业必须对生产过程实施更精细化的管理。例如，在半导体晶圆厂中，一颗芯片需要经过薄膜沉积、光刻胶涂敷、光刻显影、刻蚀、量测、清晰、离子注入等多个环节和工序；12 英寸晶圆产线的生产流程更是多达上千步，而且其工艺复杂、自动化程度高、容错率低。

另外，12 英寸晶圆产线的投资规模达到百亿元级别，一旦出错或停机，就会让半导体晶圆厂蒙受巨大损失。MES 的出现为半导体晶圆厂提供了一个可以快速反应和精细化生产的环境。鉴于半导体晶圆厂投资规模大，其使用的 MES 必须具备极强的稳定性。

在半导体领域，国外的 MES 应用较早，已经有多年的经验积累，在稳定性方面比较有优势，而且得到了长期的实践验证与优化。

早在 1995 年，IBM 便斥巨资收购了莲花软件公司，将以前各自独立的软件解决与方案部门、个人软件产品部门和网络软件部门合并，组成一个"软件集团"。1995 年，IBM 推出了 POSEIDEN 系统；1999 年，IBM 又基于 POSEIDEN 系统发布了 SiView 系统。

IBM 宣称，SiView 系统可以实现全自动化的单晶圆控制，而且可以处理同一生产线中的多批次产品。此外，SiView 系统还可以在不影响半导体晶圆厂生产进度的情况下进行安装，并能在安装后立即开始运行。在发布 SiView 系统后，IBM 将该系统用于自己的 12 英寸晶圆产线，没多久，该系统就被格芯等知名厂商使用。

相对来说，国内一些专门研发 MES 的企业起步比较晚。虽然部分领先的企业，如上扬软件的技术水平已经基本与国外企业持平，但因为这些企业的产品应用少,企业的稳定性没有得到足够的验证,所以难以进入先进制造领域。即使如此,国内的很多投资者也十分看好半导体及 MES,愿意为此类企业投资。例如,宽能半导体获得了超 2 亿元的天使轮融资。本轮融资由和利资本领投,溁策资本、云启资本、国中资本、毅达资本、金浦投资、亚昌投资、君盛投资、富华投资共同参与投资。

9.1.2　医疗健康领域有潜力

没有方向的投资者和缺乏经验的创业者可以选择医疗健康领域的项目,并坚持在该领域不断深耕。

截至 2020 年,京东健康获得了 3 次投资,总金额高达 144.87 亿元。京东健康的业务主要包括医药零售、医药批发等。在获得 3 次投资后,京东健康已经成功在我国香港交易所上市,其背后的投资者,如新加坡政府投资公司、高瓴资本、贝莱德集团等可以获得不错的回报。

医疗健康领域非常庞大,涉及多个细分赛道。在这些赛道中,医疗器械的投资热度最高,生物制药与研发次之。例如,2020 年,以肿瘤药物研发为核心业务的和元上海成功完成多次融资;2020 年,丁香园作为医疗电商/零售领域的佼佼者,成功获得了超过 33 亿元的融资,投资者包括挚信创投、腾讯、高瓴资本等。又如,Grail 是一家很成功的医疗健康企业,致力于研发癌症筛查的血液检测技术,于 2021 年被 illumina 收购。这次收购奠定了 illumina 在生物技术方面的领先地位,也引发很多投资者向其伸出橄榄枝。

根据企查查的数据可知,2021 年,我国医疗健康领域发生了上千起投融资事件,总金额超过 3000 亿元。值得注意的是,2021 年,发生在医疗健康领域的金额超过 10 亿元的投融资事件有近百起之多,成绩非常显著。

无论是现在还是未来,医疗健康领域都是投资者非常关注的领域,也是创业者可以尽快获得融资的领域。随着医疗健康领域发生变革,以及人工智能等技术与医疗健康领域的深度融合,未来的投融资格局将继续升级。升级后,投融资决策会回归理性,在这种情况下,投资者在投资时会非常谨慎,会对团队、企业的历史成绩和储备项目等情况进行详细的尽职调查。因此，创业者要想获得投资者的青睐，就要不断打磨产品，推出真正有竞争力的项目。

9.1.3　企业级应用崛起

随着用户级应用（针对个体用户设计和开发的应用，简称 To C）面对的竞争越来越激烈，企业级应用（针对企业级用户设计和开发的应用，简称 To B）的比例大幅度上升。这主要是因为，To C 领域已经出现了太多巨头企业，创业者要想脱颖而出确实不容易。

面对 To B 领域背后的大量创业机会，很多创业者和投资者都将目光锁定在 To B 领域。过去很长一段时间，To B 领域不受重视，发展比较缓慢，但近些年，很多创业者根据市场需要，将发展模式由原来的重销售逐渐转变为重产品和重服务。

南京集成电路产业服务中心（见图 9-1）作为一家在 To B 领域深耕多年的企业，获得了极大的发展。其用户数量持续增加，芯片产品层出不穷，基本覆盖了主要电子信息应用方向，形成了完整、立体的产品线。

图 9-1　南京集成电路产业服务中心

集成电路产业的发展前景一直很好。南京集成电路产业服务中心在做好规划布局的同时，致力于打造更专业、质量更高的生态体系。南京集成电路产业服务中心已经积累了诸多优势，其服务能力不断增强。

（1）以专业规划有效匹配需求，合理配置资源。南京集成电路产业服务中心通过分析产品的功能和应用领域，广泛收集客户在 EDA（Electronic Design Automation，电子设计自动化）与测试等多个方面的需求，分批次建设专项实验室、通用实验室、应用场景实验室等。

（2）以仪器共享服务促进资源的高效利用，降低研发成本，打造一站式线上与线下共享的信息化仪器管理平台，从而在整合资源的同时，实现仪器和实验室的智能化管理。

（3）以全球化主流工艺及 IP（Intellectual Property，知识产权）资源服务支持先进工艺设计。南京集成电路产业服务中心可以提供国内外多种供应商渠道，使用户形成强大的技术支持能力。

（4）基于软、硬件专业共享服务，加速应用工具的推广。南京集成电路产业服务中心为用户提供 EDA 软件、模拟硬件加速器、高端 EDA 服务器等，可以满足多项目并行时的复杂芯片设计需求，提升客户的研发效率，帮助客户进一步缩短研发周期。

（5）发挥仪器共享联盟作用，推动共享服务体系的建设。南京集成电路产业服务中心积极推动国产设备的高效流转与共享，为客户提供互助式自由仪器，同时引进产学研服务资源，扩大共享资源池。

为了让用户享受更优质的服务，南京集成电路产业服务中心加快推进楼宇载体建设，打造智能汽车、信息通信、光电、物联网等重点领域的公共研发实验室，以及聚集了大量人才资源的南京集成电路培训基地，为客户的产品研发提供技术支持。

很多提供 B 端服务的企业可能达不到南京集成电路产业服务中心这样的规模，To B 的普及似乎还需要一段时间。但不得不说，大部分客户已经意识到通过技术提升效率的重要性，这进一步扩展了 To B 的增长空间，也让 To B 的顺利落地成为可能。

以 BAT 为代表的科技巨头纷纷在 To B 领域投资；国外的投资机构也由于

我国 To B 领域的兴起和全球配置资产的需要而将橄榄枝抛向我国企业。To B 领域的创业者很有可能得到大规模融资，To B 企业的整体价值将会提升。

如今，我国 To B 领域的投融资事件越来越多，该领域正处于稳定发展阶段。To B 和科技企业的进化，再加上 BAT、南京集成电路产业服务中心等一系列经典案例的诞生，都让我们有理由相信：To B 领域的商业价值已经被充分挖掘出来，To B 产品的普及在不久的将来就会实现。这不仅会颠覆传统的合作与交易方式，还会使投融资领域发生重大改变。

9.1.4　Applied Materials：深耕半导体领域

20 世纪 70 年代，美国 MES 厂商 Consilium 开发出主要用于计算机数控机械领域的 CAM（Computer Aided Manufacturing，计算机辅助制造）系统 Comet 系统。该系统负责收集生产信息、辅助决策、传播指令和控制信息等任务。

之后，Consilium 正式开发出第一款实际意义上的半导体 MES，名为 Workstream。凭借低价销售策略，Consilium 在半导体领域获得了巨大的成功，在相当长一段时间里都占据行业佼佼者的地位，其客户更是遍布世界各地，包括英飞凌、英特尔等知名厂商。

但好景不长，1995 年，半导体领域萧条，Consilium 的业绩连续 6 个季度下滑，1996 年和 1997 年均为亏损状态。

1998 年 10 月，Consilium 被 Applied Materials（应用材料公司）以价值 4200 万美元的股票交换收购。此后，Consilium 推出了新一代 MES FAB300 系统。该系统可以支持超过 50 万个晶圆同时运行，具备晶圆可追溯性、集群工具模型和工艺控制等新特征。

在 Consilium 发行 Comet 后，加拿大 MES 供应商 Promis 也推出自己的 MES 产品，吸引了一大批知名客户，包括英国的晶圆厂 Newport Wafer Fab、台积电、茂矽、摩托罗拉等。

1999 年，Promis 被美国自动化系统厂商 PRI Automaiton 以 4800 万美元的价格收购。

2001 年，PRI Automaiton 又被 Brooks Automation 以 70 亿美元的价格收购。

2007 年，Applied Materials 以 1.25 亿美元的价格收购 Brooks Automation 下属的事业部 Brooks Software，该事业部包含此前的 Promis。

Applied Materials 收购了很多有实力、前景广阔的企业，其旗下的 MES 至今仍是全球 8 英寸晶圆厂使用最广泛的产品。为了增强自己的市场竞争力，Applied Materials 又兼并了全球知名的 MES 厂商 FASTech 的 Factory Work 系统。FASTech 创立于 1986 年，客户有三星、英特尔等。

至此，Applied Materials 打造了一个覆盖主流半导体 MES 的产品线，构建了智能制造的完整生态。

在资本市场上，Applied Materials 的市值高达 1365 亿美元，市盈率为 13 倍。

在企业规模上，Applied Materials 2021 年度的收入为 230.6 亿美元，基于 GAAP（Generally Accepted Accounting Principle，一般公认会计原则）的营业利润为 68.9 亿美元。其中，半导体产品事业部的营收为 162.86 亿美元，营业利润为 63.11 亿美元。

Applied Materials 一直非常看好半导体领域，并持续收购该领域的企业。除了 Applied Materials，还有一些投资者也感受到该领域的发展潜力。该领域中需要融资的企业具有很大的融资优势，能够轻松地获得融资。

9.2 投资者如何看"事"

项目评估是所有投资者都非常重视的事，关系到投资是否可以取得成功。创业者要想获得投资者的青睐、顺利完成融资，就必须站在投资者的立场上考虑问题，了解投资者是如何评估项目的。在评估项目时，投资者通常会参考市场规模、用户体量等诸多因素，从而使自己的投资决策更科学、精准。

9.2.1 关注市场规模足够大的细分赛道

所有投资者都会关注市场规模。通常，市场规模越大，项目的发展情况越好，对投资者就越有利。因此，为了避免投资决策失误，投资者往往会更倾向于投资市场规模较大的企业。例如，现在很多半导体测试机构就因为市场规模比较大而受到投资者的关注。

随着半导体市场的发展日益迅猛，越来越多的企业利用自动化测试技术来增强竞争力，倒推产品研发，提升产品质量并加速上市步伐，同时进行成本优化。在此背景下，各大企业纷纷加码投入，进一步优化半导体测试设备及系统，以满足与日俱增的测试需求。

在之前很长一段时间内，综合原因导致封装和测试两个环节被混在一起，被一并纳入半导体制造后端工序。因为封装占据半导体市场的巨额产值，测试被逐渐"忽略"。越高端、越复杂的芯片对测试的依赖度越高，甚至每个工序都不允许存在偏差。

测试的完整性直接关系产品的优良率和质量，但从国外的产业链分布来看，高端测试能力集中在第三方专业测试机构，而且测试深度渗透在研发、设计、制造等环节。随着《新时期促进集成电路产业和软件产业高质量发展的若干政策》的印发，我国将封测机构拆分为封装机构和测试机构。这预示着以往紧缺的测试机构正加速走上半导体市场的舞台，扮演着更重要的角色。当然，投资者也能看到其中的商机，把投资目光投向测试机构。

除了市场规模，项目是否足够细分也非常重要。例如，江苏京创先进电子科技有限公司（以下简称京创）瞄准半导体划片机及其配套设备这个细分赛道，吸引了广大投资者的关注。京创创立于 2013 年，通过多年的技术积累，其产品主要覆盖了精密划片机、激光划片机等，已经成功研制并量产 AR3000、AR6000、AR7000、AR8000 系列 6～12 英寸精密切割机，以及 AR8200、AR9000 系列 12 英寸全自动精密切割机。这些产品被广泛应用在半导体集成电路、分立器件、LED 封装、光通信器件、声表器件等芯片的划切生产中。

2023 年 3 月 8 日，京创完成 B+轮融资。本轮融资由启明创投领投，深创投、国发创投、常熟国发、南京新工产投、东吴创投等联合投资。

通过京创的案例我们可以知道，项目是否有潜力、企业能否挖掘出细分赛道非常重要。投资者在进行投资决策时会以全面、多维度的视角对市场和项目进行分析，这就要求创业者找到一个适合自己且市场规模有优势的细分赛道，从而进一步降低融资难度。

9.2.2　企业可以解决多少用户的问题

聪明的投资者会看用户体量，即企业可以解决多少用户的问题。通常，一款产品的适用性越广、可以解决越多用户的问题，企业就越能以低成本产生高收入。创业与投资，尤其是 C 端的创业与投资，最重要的就是一款产品在用户体量上的潜力。

以知名企业 Google 为例，起初 Google 的目标用户只有 "技术咖" 和 "极客"（美国俚语 Geek 的音译，形容对技术有狂热兴趣并愿意投入时间钻研的人），而且使用门槛比较高，通常被视为只有少部分人才会使用的小众产品。后来，Google 不断完善搜索功能，使用门槛逐渐降低，用户体量随之出现了爆炸式增长，连续获得了多轮融资。

Google 邮箱 Gmail 的用户体量也很大。截至 2022 年，在全球范围内，超过 15 亿人注册了 Gmail 账户，这样的用户体量是令人震惊的，也是很多投资者在为 Gmail 投资时考量的因素之一。后来，Google 又相继推出了桌面版 Gmail 及针对智能手机的 Java 版 Gmail，使自身发展达到了新里程碑，获得了更多投资者的关注。

可见，如果一款产品的用户体量足够大，企业的收入也比较理想，就能让投资者产生比较强烈的投资欲望。创业者在创业时应该提前想好这一点，尽量进入一个用户体量比较大的市场，让自己的产品解决更多用户的问题，从而吸引更多投资者。

9.2.3　高频和刚需是不变的真理

对投资者来说，高频和刚需是不变的真理，因为这意味着投资者可以获得不错的回报。用户对一款产品的需求通常来自两个方面：一是从自身角度出发的需求，二是由产品提供的价值而催生的需求。第一个方面的需求比较容易理解，如针对某些疾病的特效药虽然非常贵，但很多病人还是愿意购买；Rippling 主营 HR 管理系统，由于很多用户难以脱离这个系统而工作，因此 Rippling 的用户稳定、黏性大，Rippling 的年收入丰厚。第二个方面的需求是由产品提供的价值而催生的需求，如滴滴出行从无到有地改变了人们的出行方式，逐渐发展成为全球最大的移动出行平台之一，具有快车、顺风车、出租车、专车、代驾等多项功能，形成了出行 O2O（Online to Offline，线上到线下）闭环。

在滴滴出行未出现前，出租车行业经常出现高峰时段打车难、偏远地区打车难、等待时间未知等问题。后来，滴滴出行立足于这些"痛点"，在市场上稳扎稳打，很好地满足了用户的需求，坚持为用户提供高效打车服务，解决用户打车需要花费很长时间，甚至打不到车的问题。

滴滴出行致力于帮助用户解决问题，进一步深化用户对产品的需求。投资者在投资时也会分析企业是否找到并尽量满足用户的需求，以及能否更精准地吸引用户。因此，对创业者来说，挖掘和判断用户的需求十分重要，这样有利于促进产品销售和吸引更多投资者。

9.2.4 可规模化复制的商业模式更有吸引力

对于商业模式，各学派往往有不同的定义。例如，北京大学汇丰商学院的教授魏炜认为，商业模式是利益相关者的交易结构。无论其定义是什么，优秀、值得投资的商业模式都应该具有可规模化复制的特点。

例如，Meta 的商业模式就以可规模化复制为特点。每当 Meta 要推出新创意或新产品时，都会先找一个和全球用户结构相似的小市场，进行小规模但有针对性的投放。假设 Meta 有一款未来计划在美国推出的产品，那么它会先在加拿大投放，测试产品的可行性和用户的反馈情况，从而不断优化和升级产品。

出于对这方面因素的考虑，投资者在进行投资决策时会偏向那些商业模式能实现规模化复制的企业。此外，规模化复制还能体现出企业的技术革新，如果企业一直故步自封，就很难有长远的发展，很多投资者并不看好此类企业，创业者也很难成功融资。

如今，很多企业都已经走上了商业模式可规模化复制的道路。既然有迎合时代的企业，那么投资者为何还要为采用传统商业模式的企业投资呢？因此，创业者需要不断完善企业的商业模式，使企业的商业模式可规模化复制。

9.3 看"人"之受投资者欢迎的创业者

创业者要想成功融资，应该充分了解投资者，了解投资者更愿意为何种类型的创业者投资。那么，什么样的创业者会受投资者欢迎呢？受投资者欢迎的创业者主要具备以下特点。

9.3.1 格局大，不拘泥于眼前的利益

创业者作为领导员工发展、指引企业方向的关键人物，必须有格局，即可以站在战略高度上思考问题，不能拘泥于眼前的利益。例如，任正非拥有超越常人的战略眼光，能够认清时势，牢牢把握时代的"脉搏"，果断进入当时我国处于落后状态的行业。任正非凭借一股冒险精神在电信装备这个高手如云、技术门槛高的领域闯出一片天地。与此同时，他也有强烈的危机意识，能较早地预测到行业可能面临的风险，并及时规避风险。这样的创业者怎么会不受投资者欢迎呢？

正所谓"板凳要坐十年冷，文章不写半句空"，任正非可以专心致志地进行研发，始终坚持自己的发展方向和精益工作的目标，脚踏实地地在本行业不断进取。即使暂时看不到未来，他也会进行归纳与总结，积极向更优秀的同行学习，取长补短。

毋庸置疑，任正非是一个有格局、有思想的创业者。大多数投资者都会率先与这样的创业者合作，二者相互配合，共同促进企业的进步与发展。

9.3.2　专业知识和实践经验丰富

融资是一项长期的工作，需要创业者用长远的眼光看问题，还要求创业者有足够丰富的专业知识和实践经验。例如，美国有一位非常成功的创业者威廉（化名），他用自己的知识和经验吸引了很多投资者，顺利完成了多轮融资。在打造第一个项目时，威廉凭借自己的知识和经验总结出三大发展趋势：社会结构的网络脱媒化、产品和服务的定制化、个人的节点化。对趋势的精准预测体现了威廉的前瞻性，使其获得了很多投资者的青睐。众多投资者向威廉抛出橄榄枝，希望与其合作。

像威廉这样具备专业知识和实践经验的创业者会及时预测可能出现的问题，并将这些问题扼杀在摇篮里。此类创业者会仔细分析与项目相关的所有环节，减小或消除出现问题的可能性。与此同时，他们会十分谨慎地制定发展策略，提前制定问题的解决方案。

对投资者来说，如果创业者有丰富的专业知识和实践经验，能够收集很多前沿信息、掌握整个行业的变化趋势，他就是值得投资的。这样的创业者会不断地学习，及时获取企业所在行业的信息和数据，同时会深入研究企业，掌握企业的经营与管理情况，对企业的发展了然于胸，帮助投资者获得更多回报。

9.3.3　有恒心，肯坚持

优秀的创业者往往有恒心，愿意为了企业的发展而脚踏实地、倾尽全部心力做好一件事。在优胜劣汰、适者生存的商业竞争中，一个不思进取、朝三暮四的创业者早晚会被淘汰，而一个务实、脚踏实地、肯干、能吃苦的创业者则会使企业更强大。

几乎所有投资者都希望与意志力强的创业者合作，因为这样不仅会让自己轻松很多，还会让投资过程更加顺利。有恒心的创业者即使在创业过程中遇到困难，也能够坚持不懈，渡过难关。反之，如果创业者意志力薄弱、遇到困难就想"打退堂鼓"、总是泄气，那么大概率会创业失败。

　　总而言之，只有具备"不抛弃、不放弃"精神的创业者才更受投资者欢迎。

9.3.4　求知欲和洞察力强

　　在投资者看来，求知欲强的创业者更有吸引力。社会在发展，技术在进步，各种知识也在不断更新，企业要想成长、进步，就必须有一个热爱知识、积极探寻真理的领头人。求知欲强的创业者能够在创业过程中用最前沿的知识引领企业的产品研发与品牌营销等工作，从而推动企业稳定发展。

　　另外，求知欲强的创业者还会想方设法获得新体验、新知识，可以带领团队不断学习，并且始终保持开放、进取的心态。这样的创业者是"燃烧型"人才，只要是他们存在的地方，就会充满乐观、向上的动力与活力。

　　除了求知欲，洞察力对创业者来说也非常重要。做生意需要有洞察力，如江小白的创业团队便是由一群很有洞察力的人组成的。如今，江小白所处的白酒市场基本已经成为红海市场，无论是面向高端人士的酒，还是面向大众的酒，竞争都非常激烈。在这样激烈的竞争中，江小白从红海市场中脱颖而出，成为白酒界的"黑马"，而这凭借的就是创业团队的洞察力。

　　江小白的创业团队敏锐地发现大部分制酒企业都过于重视酒的品牌或者价格，而忽视了酒的文化因素。于是，江小白的创业团队另辟蹊径，从文化角度入手进行品牌宣传。他们主打酒的情怀，通过简洁、文艺、暖心的文案表现酒背后的文化内涵，点燃年轻群体对生活的热情。正是这样的洞察力使江小白取得了成功。

　　具备求知欲和洞察力的创业者虽然不能确保项目一定成功，但他是一个合格的合作伙伴，可以促进企业的发展，为投资者带来更高的收益。

9.3.5　具有强大的领导及决策能力

　　创业者通常是创业团队的领头人，必须具备强大的领导及决策能力，否则就无法带领团队走向成功。在企业发展过程中，即使场面混乱不堪，创业者也必须比其他人更快、更准确地判断问题所在，并借助自己的知识和经验妥善处理问题。

知名投资者李开复在选择项目时就非常看重创业者的领导及决策能力。李开复表示，他所投资的创业者必须是一个富有吸引力、有人格魅力的领导者。因为在创业过程中，创业者可能会面临各种挫折，这就要求其有强大的领导及决策能力，在遇到问题时能将下属凝聚在一起，让他们团结一心地解决问题。

有领导及决策能力的创业者，可以让团队成员不离不弃地跟随。对于投资者而言，这样的团队更有竞争力，可以增大项目成功的可能性。

9.4　看"人"之不受投资者欢迎的创业者

正如在选择创业者时，投资者会有自己的习惯和偏好一样，在拒绝投资者时，他们也有自己的一套标准。如果创业者在某些方面存在能力缺陷，就很难获得投资者的投资。此外，个人生活或家庭有问题、突然从传统行业投身于互联网行业、有多个项目、过于"佛系"的创业者也不受投资者欢迎。因此，创业者要不断完善自己，尽量不要有投资者避而不及的缺点。

9.4.1　在某些方面存在能力缺陷

投资者在选择自己要合作的创业者时通常是比较严格的。因此，如果创业者在某些方面存在能力缺陷，就很可能无法吸引投资者。例如，没有项目运营经验的创业者往往很难受到投资者的青睐。这样的创业者往往难以对项目进行客观判断，项目的成熟性也比较差。

此外，没有经验的创业者也很难对资金进行把控，通常不知道整个项目需要多少资金，无法妥善解决资金的管理、运用、回笼等问题。他们没有运营过项目，对各类资源的运用和对战略的把控都不够成熟。也就是说，如果投资者与没有经验的创业者合作，那么很可能会面临比较高的投资风险。

大多数投资者都会尽量避免为在某些方面存在能力缺陷的创业者投资。当然，除了没有经验，不懂技术、管理能力不强、合作意识薄弱、自大狂妄等也是一些创业者存在的弊端。投资者不愿意看到创业者身上有这样的弊端，这就要求创业者必须不断增强自己的能力，尽快消除自己的弊端，向投资者展示一个更完美的形象。

9.4.2　个人生活或家庭有问题

投融资领域似乎有一个隐性共识，即如果创业者是已婚人士，那么其合法配偶通常拥有企业的一部分股权。一般来说，如果夫妻双方对婚后财产没有明确约定，那么一方名下的股权便是夫妻的共有财产。这也就意味着，如果创业者的个人生活或家庭有问题，从而导致离婚，其配偶就会获得一部分股权，从而对投资者的利益产生一定的影响。

例如，张某、李某两人一起开了一家企业，后来引入了投资者秦某。其中张某的股权比例为40%，李某和秦某的股权比例均为30%。企业经营数年，发展形势良好，规模也越来越大。后来，张某与其妻子离婚，导致企业内部的股权架构紊乱，影响了企业的正常运转。

在张某离婚后，其前妻拥有了20%的股权。这样一来，企业的股权就被4个人瓜分，比例为 2：2：3：3。这是一种非常不科学的股权比例，导致企业缺少实际控股人，严重影响企业的决策。基于这样的情况，李某和秦某决定分别购买张某前妻手中12%和8%的股权。但是，由于企业发展良好，张某前妻拒绝了他们的提议。

最终经过了长时间的协商和沟通，李某和秦某说服了张某前妻，与其签订了股权转让协议：张某前妻分 3 年时间把 20%的股权分别转让给李某和秦某。但是，张某前妻要求自己必须在第一年得到所有股权的返还价值，并在未来的 3 年享受企业 20%的分红。虽然此要求会对李某和秦某的利益造成影响，但出于对收购股权的考量，他们还是接受了。

由上述案例可知，创业者离婚对企业和投资者来说是一件大事，也是很多投资者不想遇到的事。创业者要想顺利融资，就应该通过法律手段或友好协商，科学地收回分散的股权，保障投资者的利益，从而使企业形成合理的股权架构，减少投资者的疑虑。

9.4.3 突然从传统行业投身于互联网行业

有些创业者看到互联网行业背后的红利，便放弃自己经营已久的传统行业，投身于互联网行业。这种做法是比较危险的。刚刚进入互联网行业的创业者往往没有太多经验，对互联网行业的理解也不够深刻，很可能会创业失败。

赵某是一位30多岁的创业者，他之前经营了一家制造企业，后来觉得手游领域很有发展前景，就创办了一家手游企业。他虽然有超强的执行力，但因为专业度不够，所以研发的游戏的题材、玩法不够新颖和有趣，难以找到有投资意向的投资者。

过了一段时间，一位投资者找到赵某，表示要为他投资50万元。这位投资者对手游领域一无所知，但赵某还是接受了这笔钱，因为其他投资者都不愿意投资。最终的结果是，截至游戏发行，赵某花费了将近45万元，但因为游戏的题材和玩法都没有优势，再加上企业缺少资金做宣传，所以游戏的用户极少，难以维持企业的正常运营。在这种情况下，投资者想要将资金撤出来，并要求赵某为其分配10%的营业额，所以赵某不得已选择了破产清算。

赵某之所以落得破产的下场，与盲目进军自己不熟悉的互联网行业有关。当然，还有一个重要的原因是，赵某在没有投资者投资的情况下，选择与自己一样没有经验、不够专业的投资者合作，极大地提高了项目失败的风险。

对大多数投资者来说，创业者对企业和项目所处的行业有深刻的理解是非常重要的。创业者一定要谨记，不要随波逐流、盲目转型。

在与投资者交流时，如果创业者刚从传统行业转型到一个新兴行业，那么很可能会言之无物，难以吸引投资者。反之，如果创业者可以从容不迫地向投资者展示自己对行业的理解、对行业发展趋势的看法，那么投资者很可能会被吸引。因此，创业者在转型前要深思熟虑，即使确定要转型，也要对新兴行业有足够的认知和了解，这样才能确保融资过程更顺利，从而找到合适、专业的投资者，使项目获得良好的发展。

9.4.4 有多个项目

投资者大多拥有比较充裕的资金，但他们不会轻易把资金投出去。对大多数投资者来说，把所有资金都用于投资是不现实的。他们往往会在接触创业者时对创业者进行深入了解，判断其能力是否足够支撑项目的经营与发展。

在考察创业者时，投资者会分析创业者手中的项目究竟处于何种状态。如果创业者手中有多个项目，涉及的领域很广，那么投资者一般不会有太大的投资兴趣。正所谓"项目贵精，不贵多"，创业者同时开展多个领域的项目，结果很可能是每个项目都发展得不好。

创业者的时间和精力是有限的，几乎不可能把所有项目都做得风生水起。投资者在遇到项目很多的创业者时，往往不太敢为其投资，会对其项目的质量和发展潜力感到担忧。这就提醒创业者，要想获得投资者的资金，不妨把时间和精力集中在一个最有把握、前景最广阔的项目上，让投资者看到自己的专注力和项目的实力。

9.4.5 过于"佛系"

在生活中，人们可以适当"佛系"一些，让自己更开心；但在创业中，创业者一定不能过于"佛系"，而要有足够的激情，否则就很难获得投资者的信任。例如，小米的创业团队的成员大多是来自 Google、微软、摩托罗拉等知名企业的高级人才。这些成员都是受到雷军的创业梦想的感染，满怀激情而来的。在竞争激烈的智能手机市场中，优秀的商业模式和充足的资金是成功的必备条件，但极具激情的创业团队也不可忽视。如果缺乏激情，雷军就很难将已经有所成就的高级人才吸引到小米，也无法成功获得高通、中国移动、国开基金等投资者的投资，小米可能就无法成功上市。

　　除了激情，创业者有清晰的目标和高瞻远瞩的想法也非常重要，这样的目标和想法是创业者带领整个创业团队研发出优质产品的基础。在投资者眼中，即使团队再优秀，没有清晰的目标和高瞻远瞩的想法，也很可能做不成大事。

　　一般来说，投资者会通过商业计划书判断创业者是否有清晰的目标和高瞻远瞩的想法，因此创业者要在商业计划书中将自己的目标和想法明确地展示出来。如果商业计划书条理清晰、对创业者的目标和想法的展示明确，就更容易说服投资者进行投资。

第10章

创投关系认知与维护技巧

经验丰富的创业者应该知道，有些投资者看上去非常热情，对项目表现出极大的兴趣，并有进一步了解项目的想法，但之后就失去了音讯，再无后续的动作。这是为什么？其实投资者缺少的不是好项目，而是时间。创业者要在见面后积极联系投资者，维护双方的关系。

10.1 投资者与创业者的关系认知

在投资者把资金打到企业账户之前，创业者需要与其建立良好的关系。如果投资者对创业者没有什么印象，那么融资很可能无法成功。为了让融资更加顺利，创业者要不断加深投资者对自己的认知，为融资奠定坚实的基础。

10.1.1 接触阶段：双方各取所需

在投资者与创业者刚接触的阶段，投资者主要以盈利为目的，即通过投资行为获得经济上的回报，并在恰当的时间变现离场。双方各取所需，会在一定程度上忽视对方的缺点。例如，在刚开始接触的阶段，投资者通常只关注投资回报率，而对企业未来有没有上市的可能性则不太看重。

换言之，在接触阶段，投资者会更注重短期回报，而对企业的长远发展通常不会过于关注。当然，这并不意味着投资者不在乎企业的未来，只是在此阶段，投资者会将重心放在盈利上。

10.1.2　投后早、中期：正、副驾驶员的关系

在投后早、中期，创业者会希望通过投资者的资源来弥补自己在某一领域的短板，以配合主营业务的战略发展。此阶段的投资者与创业者更像正、副驾驶员的关系，投资者作为副驾驶员，指导创业者带领企业走上一条正确的道路，帮助企业增强核心竞争力与创新能力。

投资者可以对创业者产生深远的战略影响，使企业获得更大的发展机会，尽快实现战略目标。在投后早、中期，投资者会成为促进企业发展的重要动力，但他们为了参与企业的管理，常常会提出派驻高层管理人员或替换高层管理人员的要求。此时创业者要注意把握好控制权。

10.1.3　后期：天上的鹰与地上的蛇

到了投资的后期，投资者希望通过投资的方式获得企业的控制权，此时他们就像天上的鹰，而创业者则更像地上的蛇。投资者在找准时机后，很可能会通过各种方式夺取创业者对企业的控制权。而且，投资者还很可能要求创业者签订对赌协议。

创业者从开始融资的那一刻就要认识到，寻找与自己的发展理念一致的投资者对企业来说至关重要。否则，即使融资成功，将来也会出现很多矛盾，不利于企业的进步和发展。

10.2　从天使轮融资走向 C 轮融资的创投组合

不同的融资阶段往往对应着不同的创投组合，创业者对待投资者的方式、投资者关注的重点等也有所差异。因此，创业者有必要根据融资阶段调整策略，以便更顺利地完成融资。

10.2.1　天使轮融资：用好项目吸引投资者

在天使轮融资中，投资者要用好项目吸引投资者，将其吸引过来成为合作伙伴。因此，创业者必须掌握一定的技巧，尽自己所能将项目的优势全部展示给投资者。需要注意的是，在大部分情况下，创业者向投资者介绍项目的时间都非常短，这就要求创业者必须对项目介绍方案进行合理的规划，以免在真正见面时浪费彼此的时间。

要想吸引投资者，创业者应该把握以下 5 个重点。

（1）投资者给的时间有限，创业者无法对项目的方方面面进行详细介绍，所以创业者必须将更多时间分配在重点内容上。

（2）语速非常重要。语速太快，投资者听不清；语速太慢，可能刚介绍完项目的情况，时间就已经到了。因此，创业者在介绍项目时必须控制好语速，这就需要创业者在介绍前反复练习。

（3）对于投资者可以很容易看懂的信息，如项目的名称、性质等，不需要浪费太多时间介绍。如果投资者不明白，就会在介绍结束后提问，创业者可以到时再详细说明。

（4）投资者非常容易分心，如果内容枯燥，他们的注意力就会不自觉地转移。如果创业者的语言风趣、幽默，那么投资者分心的概率会降低。因此，创业者在介绍比较重要的内容时应该适当幽默一些，以便引起投资者的关注。

（5）如果创业者的语调一直保持在比较稳定的频率上，投资者的注意力就很难集中。根据心理学的原理，要想引起投资者的注意，就必须在适当的时候调整语调。调整语调最合适的时候是介绍重点内容前，因为较高的语调可以吸引投资者的注意力。

创业者把握好上述几个重点可以使项目的介绍效果最优，还能保证投资者接收到最多的重点内容。当然，决定投资者是否投资的主要因素还是项目的发展潜力和企业的真实情况。

10.2.2 A 轮融资：与投资者保持联系

在确定潜在投资者后，创业者需要礼貌、频繁地与投资者联系。一般来说，双方见面的次数越多越好，这样会提高融资成功的概率。

有的创业者在与投资者见面后，就单方面等待投资者联系自己，认为投资者不联系自己就是对项目没有兴趣。但事实并非如此。一般投资者都是日理万机的，可能会无暇顾及或者遗忘了，因此在见面后的第二天，创业者应该发一封简短的感谢邮件给投资者。

在联系投资者的过程中，创业者应该注意分寸，即在持续的联系与打扰之间达到平衡。随着融资经验越来越丰富，创业者会逐渐达到这种平衡。

当创业者达成所愿再次见到投资者时，可以微笑着对投资者说："非常抱歉，我总是催促您与我会面，但我想您一定更愿意投资一家像我们这样去争取用户的企业，对吧？"与投资者联系但保持分寸是人与人相处的艺术，创业者应当在生活中锻炼这种能力。

10.2.3 B 轮融资：为投资者打造归属感

归属和爱的需要是马斯洛需求层次理论中第三层次的需求，是人类的基本需求之一。近几年，心理学家对归属感问题进行了大量研究，结果发现：缺乏归属感的人会对生活、工作、社交等方面缺乏激情。如果投资者在投资后能够在被投资企业中找到归属感，那么投资者会更重视在该企业中的投资，并且付出更多。

那么，创业者应该如何为投资者打造归属感呢？图 10-1 列出了为投资者打造归属感的 3 种方法。

第一，给投资者提供优惠待遇。当投资者作为企业的消费者时，创业者应当从价格和待遇上让投资者享受优惠待遇。例如，创业者可以让投资者享受最高等级的 VIP 特权等。

第二，认可投资者的决策权。当投资者作为企业的股东在行使其应有的决策权时，创业者不要过多干预，而要给予认可。在企业运作的过程中，为了提高效率，创业者往往不会将所有决策的制定都与股东商议，但创业者也不能因此忽略了股东参与决策的权利。

第三，尊重投资者的建议。对于投资者提出的建议，创业者需要逐项记录并适时做出回应。但是，创业者不需要采纳股东提出的所有建议。对于不宜采纳的建议，创业者应在考虑实际情况的基础上对那些不便采纳的建议给予解释，这样不会影响自己与投资者的关系。否则，投资者会认为自己的一腔热情付诸东流，长此以往，就会丧失提建议的热情。

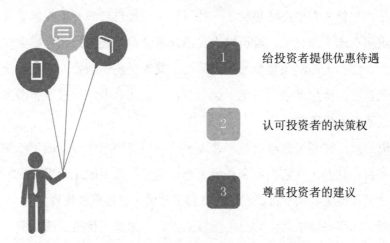

图 10-1 为投资者打造归属感的 3 种方法

投资者在有了归属感后，对企业的热情也会提升。有的投资者甚至会将创业者当成朋友，在创业者遇到困难时为其提供帮助。

10.2.4 C 轮融资：为投资者提供更多帮助

到了 C 轮融资，企业的综合实力已经得到很大提升，此时创业者可以为投资者提供一些帮助。例如，红杉·布洛杰特是一位从娱乐行业转行到科技行业的创业者，创立了在线教育企业 7AM。硅谷知名投资者蒂姆·德雷珀是红杉·布洛杰特的投资者。红杉·布洛杰特是如何吸引蒂姆·德雷珀的呢？红杉·布洛杰特本来是娱乐行业的工作者，由于生了一场大病，无法继续做原来的工作，因此决定创业。在得知蒂姆·德雷珀发起创业指导项目英雄学院后，红杉·布洛杰特非常想进入学院学习创业课程。因为红杉·布洛杰特知道，这个课程肯定有利于自己将企业经营得更好。

然而，英雄学院的学费非常高。因为支付不起昂贵的学费，所以红杉·布洛杰特想出通过众筹筹集学费的方法。红杉·布洛杰特开始打电话给朋友和曾经的同事，希望得到他们的帮助。后来一个朋友告诉红杉·布洛杰特，某个电台节目的负责人正在做一档非常火爆的电台节目，她可以上节目筹资。

于是，红杉·布洛杰特想到了一种方法，只要自己和一个英雄学院的学员一起出现在这个节目上，就可以为自己众筹学费，还能帮助英雄学院提升知名度。令红杉·布洛杰特意想不到的是，英雄学院的创始人蒂姆·德雷珀居然找到自己，提出要亲自与她一起上节目。在此之前，红杉·布洛杰特并没有见过蒂姆·德雷珀。

两周之后，红杉·布洛杰特和蒂姆·德雷珀在那家电台完成了一期非常成功的节目。红杉·布洛杰特和蒂姆·德雷珀的关系也因此亲近了很多。随后她成功进入英雄学院学习课程，并拿到了蒂姆·德雷珀的投资。

红杉·布洛杰特认为，自己之所以能够拿到蒂姆·德雷珀的投资，是因为自己提供了一些东西，而这些东西可以帮到蒂姆·德雷珀。红杉·布洛杰特说："想获得投资，有时仅有商业计划书是不够的，大家还需要想想自己能为投资者带来什么额外的价值。在这个基础上，创业者再去认识投资者，整个融资过程就会容易得多。"

红杉·布洛杰特的案例告诉大家，创业者可以想方设法地了解投资者当前是否遇到一些麻烦或者自己是否可以提供一些帮助。总之，为投资者提供一些必要的帮助是创业者与其建立良好关系的方法，也是创业者顺利获得投资的重要途径。

10.3 优秀的投资者能为创业者做什么

优秀的投资者不会只为创业者提供资金，而会尽自己所能在诸多方面帮助创业者，让创业者有强大的综合实力将企业做大、做强。例如，有些投资者会为企业挖掘更多社交资源，给创业者引荐更多潜在投资者，为后续轮次的融资做好充分准备。

10.3.1 提供资金与资源支持

优秀的投资者会尽自己所能为创业者提供资金与资源支持。资金是最初的滋养，是创业者的子弹，也是创业者在市场上攻城略地的必备武器。如果缺少资金，等待创业者的结局就是项目失败。

此外，优秀的投资者还会在后续轮次的融资中为创业者提供帮助。那些只带来一次性资金支持的投资者往往不是很有优势。如果投资者不仅给创业者带来最初的资金，还提高了下一轮融资的成功率，甚至会主动帮创业者寻找其他投资者，就是一位非常优秀的投资者。

资源是最重要的滋养。对初创团队来说，资金之外的技术、人才等方面的资源支持也非常重要。投资者在向创业者投入最初的资金后，提供后续的资源支持是一种比较理想的投资状态，既有助于企业的长久发展，又能在很大程度上提升投资回报率。

例如，雷军与凡客诚品的创始人陈年的友谊被传为佳话。在陈年创业困难时，雷军多次挺身而出，为其出谋划策，帮其渡过难关。而且，雷军还把联创策源的创始合伙人冯波和 IDG 资本的合伙人林栋梁引荐给陈年，让陈年找他们为凡客诚品融资。

后来，雷军又将小米成功的方法传授给陈年。在雷军的帮助下，陈年重新找到了方向，致力于打造衬衣品牌。凡客诚品为了转型成功，已经进行了多轮融资，其中最坚定的支持者就是雷军。在雷军的领投下，软银赛富、联创策源、淡马锡、启明创投、中信资本、和通等均参与了凡客诚品的融资。

上述案例告诉大家，优秀的投资者应该像雷军那样，不仅可以拿出资金帮助创业者，还可以为创业者引荐其他投资者，最重要的是在创业者遇到困难时不离不弃，帮助其克服困难。

10.3.2　成为企业的资产评估员

优秀的投资者会帮助创业者管理企业。创业者可以通过这种方法来判断投资者是否是一位优秀的投资者。要知道一家企业有没有发展前景，就必须对这家企业进行资产评估。优秀的投资者会帮助创业者进行资产评估。

例如，李某是一个创业者，由于企业处于初创阶段，他想通过投资者的投资使自己的企业发展壮大。李某的企业是游戏企业，有很好的发展前景，而王某恰巧有一笔资金，想投资一个游戏项目，于是王某成为李某的投资者。王某作为投资者，帮助李某对企业进行资产评估，并积极指导李某开展市场调查、询价、收集评估资料、确定评估方法等工作，以便让李某更好地完成资产评估。在这个过程中，王某和李某都可以更深入地了解企业的资产情况，从而制定更合理的资产配置方案。

10.3.3　给出有效的转型建议

正所谓"当局者迷，旁观者清"，创业者在看待自己的企业时可能会陷入误区，认为企业没有问题。而有些投资者每天都和不同的企业打交道，经验十分丰富，可以看到企业在某些方面的不足。因此，当企业出现问题时，这些投资者可以为创业者提供有效的转型建议，从而推动企业的发展。

对创业者来说，可以提供转型建议的投资者是非常好的搭档。他们不是纸上谈兵，也不会以一种高高在上的态度对创业者提出的问题指手画脚或在投资后就什么都不让创业者插手，而是会在企业陷入困境时为创业者提供转型建议，与创业者共同推动企业的发展。

硅谷知名投资者里德·霍夫曼在投资 PayPal 时就为 PayPal 提供了很多非常有价值的建议。2000 年，PayPal 的年收入大约为 1200 万美元，但如果 2001 年的年收入不能达到 1500 万美元，PayPal 就会面临破产的风险。

在这种情况下，里德·霍夫曼想要帮助 PayPal 化解危机，便与 PayPal 的核心成员一起讨论未来的发展方向，并分析了盈利状况、成本结构等。后来他提出了一个办法——让在场的人想一个创业主意，帮助 PayPal 制订一个转型计划。

当时里德·霍夫曼的想法是，所有人都应该建立一个极具个性化的档案，让自己可以在网上找到想找的人。这个想法看似没有什么特别之处，却成为 LinkedIn 的一个早期版本。后来他辞去自己在富士通的职位，全职加入 Paypal，成为 PayPal 的首席运营官。在 PayPal，他专门负责对外业务，说服银行与 PayPal 合作。他也是 PayPal 的"超级消防员"，负责为 PayPal 处理复杂的市场竞争问题。

经过里德·霍夫曼的努力，PayPal 发展得越来越成熟，市值也不断提升。2002 年，PayPal 被 eBay 收购，里德·霍夫曼退出 PayPal，并获得了相应的回报。

Omgpop 的创始人查尔斯·福曼得到了天使投资者罗恩·康韦的帮助。当 Omgpop 一次次地濒临破产时，罗恩·康韦不仅为其提供资金支持，还四处寻求让其走出危机的方法，并为其引入一批高精尖人才。而查尔斯·福曼则用心对待这些人才，尽量让他们在企业中发光发亮。

对查尔斯·福曼来说，罗恩·康韦是非常有价值的投资者，两人在很多方面都很匹配。他们的合作结果也非常亮眼：在罗恩·康韦的指导和帮助下，Omgpop 推出了 Draw Something（《你画我猜》）的社交游戏，一夜爆红。Omgpop 最终被 Zynga 收购。以查尔斯·福曼为代表的创始团队与以罗恩·康韦为代表的投资者都获得了可观的回报。

如今，市场竞争渐趋激烈，创业者稍有不慎就会落于人后。从这个角度来看，创业者与竞争对手抗衡的一种有效方法就是比他们更快、更敏捷。有些投资者从业多年，有丰富的经验，可以帮助创业者比竞争对手更快、更敏捷地实现目标。如果与这样的投资者合作，创业者面临的风险就更低，在遇到问题时也有救命稻草可以抓。

10.3.4　赋予企业强大的背书效应

有些创业者为了增大项目对投资者的吸引力，通常会借用投资者的信誉，使投资者在无形中产生背书效应。通过背书效应，创业者可以与投资者建立一种可持续、可信任的强关联。在融资过程中，背书效应不违规且效果很好，创业者可以尽量使其发挥作用。

一些企业家有突出的创新精神和领导力，在投融资领域有良好的个人形象，如郭士纳、比尔·盖茨、杰克·韦尔奇、董明珠、张瑞敏等。他们通过商业或者慈善场合，与同人分享成功的经验和失败的教训，有很大的影响力。如果企业获得过他们的投资，就相当于有了他们的背书，之后就更容易得到其他投资者的信任。

还有一种企业家，他们让自己的个人形象朝娱乐化的方向发展，已经在一定程度上成为品牌代言人。这种背书效应会延伸到他投资的企业上，使这些企业在融资时抢占先机。

背书效应的本质是投资者可以提供资源、技术、品牌等方面的信任感，让企业展示出独特的价值，从而获得更好的发展。因此，如果企业与威望高、价值大并能直接为企业冲锋陷阵的投资者合作过，就一定要在融资过程中展示出来。

第11章

融资中的误区与陷阱

对任何类型的企业来说，融资都是非常重要的。随着投资者数量的增加，投融资领域鱼龙混杂，融资中的误区与陷阱也开始显现出来。在这种情况下，创业者必须警惕这些误区与陷阱，最大限度地保护自身利益。

11.1 关于融资的认知误区

对处于初创阶段的企业来说，融资可以帮其解决前期资本不足的问题；对处于急剧扩张阶段的企业来说，融资可以帮其摆脱快速发展对资本的依赖；对处于平稳发展阶段的企业来说，融资有助于企业实现可持续发展。从这个角度来看，融资有很多优势，但其中有一些认知误区需要创业者规避，如融资金额越大越好等。

11.1.1 只要企业不缺钱，就不需要融资

有些创业者认为，只要企业不缺钱，就不需要融资。这种想法是不正确的，错误地将是否需要融资和企业的资金情况联系在一起。其实除了资金情况，企业的增长趋势、竞争威胁、规模发展情况也是影响融资与否的重要因素。

1. 企业的增长趋势

无论企业是处于初创阶段还是稳步发展阶段，创业者都需要借助融资来

维持企业的生存，从而实现企业的稳定发展。在初创阶段，企业需要资金开拓新市场和强化自己的优势，否则很可能无法顺利进入稳步发展阶段。即便已经进入稳步发展阶段，企业也需要在研发、设计、生产上投入大量资金，同时需要不断更新设备、进行技术改造、引进高素质人才等。这些方面的投入相当多，企业单纯地依靠自有资金无法正常运转，这时就必须考虑融资。

2. 竞争威胁

因为受到竞争威胁而进行融资，本质是为了保证企业的生存和发展。这里所说的竞争威胁主要是指因外部环境发生变化而对企业产生影响。例如，当出现通货膨胀时，企业的成本也会随之升高，与此同时，盈利的虚增会让资金大幅流失，从而导致企业在资金方面面临巨大的挑战，最终不得不通过融资来保证正常运营。

如果竞争对手正在积极融资，准备进一步扩张，但是企业的资金不充足，就会遇到前所未有的挑战。这时，企业必须立即行动，绝对不能落后，尤其是当企业与竞争对手均进入稳步发展阶段时，二者之间的竞争其实主要是资本实力的较量。

3. 规模发展情况

如今已不是仅依靠经营挣钱的时代了，以上市企业为例，如果股东只是瓜分利润，那么他们的经济实力很可能会降低。因此，融资还有一个非常强大的作用，那就是依靠资本挣钱，并进一步扩大企业的规模。

当不断有新的投资者为企业投资时，虽然企业的利润并不是非常多，甚至没有利润，但估值比之前高。与仅依靠经营挣钱相比，依靠资本挣钱更快，也更高效。例如，创业者和投资者齐心协力使企业成功上市，通过发行股票挣钱。企业继续发展，还可以进行扩张和收购，从而吸引更多投资者投资，保证企业的市场地位和持续稳定发展。从某种程度上讲，这是一个良性循环，可以让创业者和投资者都获得巨大的成功。

11.1.2 融资金额越大越好

在融资过程中，有些创业者盲目地追求大额融资，希望投资者给自己更多资金。这种做法是不正确的。因为当创业者过度关注短期内的大额融资时，就意味着给出的股权也会相应地增多，这对下一轮融资而言并非好事。

清科创投的创始人倪正东认为，投资者固然能够帮助企业成长，成为创业者的伙伴，但让企业获得成长的真正关键还是创业者。如果创业者盲目追求高估值融资来补贴客户做大规模，而忽视产品质量，那么一旦融资链条无法及时跟进，就是"自废武功"。

专业的投资者都有一套投资体系，无论是估值，还是融资金额，都是有依据的。创业者如果盲目地追求大额融资，就很容易吸引一些动机不纯的投资者。因为通常只有他们才有可能满足创业者不合理的融资需求。因此，创业者需要谨记，融资金额应当根据企业的实际发展情况决定，并不是越大越好。

11.1.3 "感情牌"可以吸引投资者

商场如战场，商场上没有人相信眼泪，因此一些创业者试图和投资者打"感情牌"的做法是不可取的。例如，某位创始人在发给投资者的邮件中写了这样一段话："您好，我是一名经历 3 次失败的创业者。我从小家庭条件不好，在创业过程中屡屡碰壁，但我还是有一颗奋斗的心。现在我这里有一个创业项目，希望您看一看。"这样的邮件通常会在第一轮的筛选中被投资者淘汰掉。在商言商，邮件中有这些感性的内容往往会降低双方沟通的效率，有时还会给投资者留下不好的印象。

快看漫画在创立初期就显示出强大的吸金能力，不到一年时间就迅速完成了 A 轮融资，随后又完成了 B 轮、C 轮、D 轮融资。拥有几百万粉丝的"90后"漫画家"伟大的安妮"曾发表了一篇名为《对不起，我只过 1%的生活》的微博，该微博用漫画的方式讲述了她如何成为一名漫画家的故事。一天内，该微博的转发量超过 40 万次，点赞人数达到 34 万人，还有将近 10 万条评论，

"伟大的安妮"顺势推出自己开发的快看漫画 App。当时，超过 30 万个用户下载了快看漫画 App。

有人认为快看漫画是利用"感情牌"获得两轮融资的，其实这种想法是错误的。投资团队和独立投资者在进行投资时，几乎不会让自己的感性认知战胜理智，他们看中的是项目本身的投资价值。

快看漫画之所以能够获得大笔融资，是因为其项目本身有巨大的潜力。《对不起，我只过 1%的生活》的爆红为快看漫画带来了很多流量，这些流量可以转化为巨大的商业利益，并对投资者产生很大的吸引力。

在媒体报道中，大家看到的是草根创业故事，其中蕴含着崇高的理想和情怀，但这些都是在融资成功、企业获得大的发展后呈现出来的。在投融资邻域，利益是第一位的，这是投资者对商业本质的坚持。因此，创业者要想获得融资，就必须有能够盈利的项目。

11.1.4 投资者的怀疑根本不重要

或许创业者会对自己已经取得的成就非常满意，但投资者依然会怀疑创业者的管理能力及项目的可行性。事实上，投资者的怀疑是很常见的，这种怀疑是投资者检验项目是否值得投资的一部分，因此创业者必须正确对待、冷静应对。

优信集团的 CEO 戴琨在向投资者介绍项目时，即便投资者的问题非常无厘头，也会将问题分析得非常透彻，即使是非专业的投资者也能听懂。而且他非常幽默，在解释问题时会穿插一些搞笑的段子，让投资者在轻松的氛围中了解项目。

创业者在处理投资者的怀疑时，应该掌握以下几个要点。

（1）耐心应对怀疑。耐心是创业者应该具备的品质，从某种程度上说，投资者表示怀疑意味着他对项目感兴趣。好的项目是经得起推敲的，创业者应当将投资者没有理解的地方解释给他听。

（2）不能夸大投资回报。随着洽谈的深入，创业者会与投资者聊到核心问题，即财务预测。此时，创业者应当实事求是，不能夸大投资回报，否则就增大了投资者怀疑的可能性。一旦投资者在尽职调查中发现创业者当时所说的回报只是海市蜃楼，那么必然不会投资。

正确、巧妙地处理投资者的怀疑，有利于推动融资的顺利进行。如果创业者对投资者的怀疑无言以对或冷处理，就会挫伤投资者的积极性，也会影响项目的可信度。因此，创业者能够在融资时正确、巧妙地处理投资者的怀疑，对融资成功来说十分重要。创业者要提前设想投资者可能产生的怀疑，并合理地消除投资者的怀疑。

11.2　融资中可能出现的陷阱

融资不是一件简单的事，创业者一不小心就可能掉进陷阱中，导致融资失败。在融资过程中，创业者应该掌握一些识别和规避陷阱的技巧，从而避免吃亏。

11.2.1　遇到不靠谱的投资者

不靠谱的投资者会给创业者带来危害，如套取企业的发展战略并透露给企业的竞争对手、复制企业的商业模式自己去创业等。因此，在接触投资者前，创业者应对投资者进行全方位的调查。创业者也可以通过直接向投资者提问来了解信息。对于投资者给出的答案，创业者需要通过公开渠道和非公开渠道验证，并收集更多信息。

公开渠道主要包括政府管理部门、媒体等。通过政府管理部门调查投资者主要有两种渠道：市场监督管理局和基金业协会。一般比较正规的投资者会在市场监督管理局注册，也会在基金业协会备案。通过市场监督管理局和基金业协会的官网进行查询，创业者可以获得投资者的背景信息。

创业者还可以适当参考媒体上发布的投资者所在机构的宣传软文和行业排名，但有一些报道是投资者花钱给自己打的广告，创业者要擦亮双眼、审慎对待。

非公开渠道主要包括投资者的有限合伙人、合作伙伴、曾经投资过的创业者、朋友等。创业者很难接触到投资者的有限合伙人，但其合作伙伴很容易就能找到，如会计师事务所、律师事务所等。如果能找到投资者曾经投资过的创业者最好，从他们那里可以获得与投资者相关的第一手信息。此外，通过投资者的朋友，创业者也可以了解其口碑。

创业者在调查投资者的过程中需要注意，越优秀的投资者在面对调查时往往表现得越坦然，而不靠谱的投资者则会非常紧张、局促不安。

11.2.2 商业机密被投资者窃取

被投资者窃取商业机密在投融资领域屡见不鲜。知名投资者在业内有一定的名誉背书，基本上不会做出违背行业规则的事情，但陌生投资者就不一定了。如果创业者正在接触一位陌生投资者，而且他非常热情，那么他很可能动机不纯。

例如，一位互联网企业的创始人在创业过程中曾被一位投资者出卖。在企业最艰难时，投资者表示愿意投资来帮助企业渡过难关。当时该创始人毫无戒备，投资者很快就摸清了企业的底牌。不久之后，企业的竞争对手知道了企业的很多商业机密。

如果企业的商业机密被投资者窃取了，那么创业者应该怎么办？在与投资者沟通的过程中，创业者如何防止商业机密被窃取？创业者对投资者的事先防范机制如图 11-1 所示。

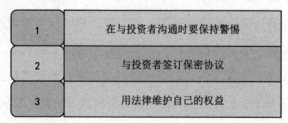

1	在与投资者沟通时要保持警惕
2	与投资者签订保密协议
3	用法律维护自己的权益

图 11-1　创业者对投资者的事先防范机制

首先，创业者在与投资者沟通时要保持警惕，对投资者进行评估，以便衡量是否需要探讨核心内容。有的时候，投资者的投资意向不大，但创业者可能会为了尽快拿到投资而透露细节。如果投资者最后表示不投资，那么创业者一定会后悔说了太多。

其次，为了保证企业的商业机密不被泄露，创业者应当在告知投资者商业机密之前与投资者签订保密协议。如果投资者违反了保密协议中的规定，创业者就可以要求赔偿或者通过法律途径维护自己的权益。

最后，即便双方没有签订保密协议，投资者把从创业者那里获取的商业机密透露给第三方或者自己使用，也属于违法行为，创业者可以对其提起诉讼，追究其法律责任，用法律维护自己的权益。

11.2.3　投资周期过长，影响估值

有些投资者在与创业者接触时，显得平易近人，对项目的投资热情非常高，甚至会要求立即签订投资意向书。此时，投资者在股权分配、估值等方面表现得非常宽容，基本可以满足创业者的各种要求。

然而，在签订投资意向书时，投资者会要求签订时间尽可能长的排他条款。创业者一旦签订了此条款，就变得被动了。投资者最初只是拖延时间，以资金周转不灵或者其他借口敷衍创业者。总之，投资者会显露出可能无法投资的迹象，但又没有明确表明自己拒绝投资。

一段时间后，创业者会焦躁不安，因为企业的资金已经无法支撑企业接下来的运营了，投资者则会趁机拉低估值。创业者此时别无选择，只能忍痛答应投资者的不合理要求。例如，创业者周某曾经拿到了某风险投资者的投资意向书。由于投资者非常热情，周某禁不住劝说，签订了带有排他条款的投资意向书，同时拒绝了其他投资者的投资意向书。在签订投资意向书前，投融资领域的一位知名人士提醒周某要小心。然而，周某并没有将这位知名人士的话放在心上，以为这是他抢项目的手段。接下来的一个月，周某真正见识了投融资领域的残酷。

第一天，投资者告诉周某，如果估值和融资金额都降低 20%，他们就立即打款。周某和他的团队考虑后觉得已经没有退路了，便答应了投资者的要求。第二天，投资者又对周某说，他们重新商量了一下，认为周某的企业不值这么多钱，估值和融资金额需要再降低 20%。周某非常生气，但也没有别的办法，又答应了投资者的要求。第三天，同样的事情继续上演。直到第五天，周辉无奈签下了对自己很不利的融资协议。

周某遇到的投资者利用拖延策略压低估值，还有一种投资者会在交谈时不断贬低项目，从而让创业者对项目丧失信心，最终达到压低估值的目的。有些创业者没能经得住投资者的忽悠，接受了不合理的低估值，用非常多的股权换取了非常少的资金，最终后悔莫及。

总之，拖延时间和贬低项目都是投资者压低估值的手段，很可能会让创业者损失惨重。毕竟对处于融资阶段的企业来说，最重要的就是融资时间和估值了。因此，创业者需要有所防范，避免掉进投资者精心设计的陷阱中。

11.2.4　没有提前了解投资者

在融资前，创业者需要对投资者有详细的了解，这样才能投其所好，找到投资者的投资兴趣点。没有提前了解投资者是融资过程中的一大忌讳。一般来说，投资者都会有投资偏好，投资者偏向的投资领域、看中的项目团队、投资趋势判断等信息在网上都可以找到，能够在很大程度上为创业者选择投资者提供依据。

在融资过程中，一些有心的创业者会在融资前想方设法寻找与项目相关的信息，将投资者的投资倾向和注意事项了解透彻，进而去接触相应的投资者。由于创业者和投资者对项目的关注点大体相同，二者的契合度较高，因此二者最后达成合作的概率就会大很多。

那么，创业者应该从哪几个方面了解投资者呢？创业者了解投资者的三大重要方面如图 11-2 所示。

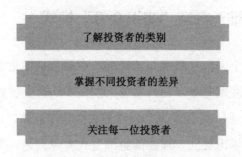

图 11-2 创业者了解投资者的三大重要方面

1．了解投资者的类别

从融资轮次来说，有的投资者只在天使轮进行投资，有的投资者从天使轮到上市都进行投资；从行业角度来说，由于投资者的时间有限，几乎不可能对所有行业都有深入的了解，如有的投资者专注于人工智能、机器人领域，有的投资者专注于游戏领域等。

2．掌握不同投资者的差异

在投融资领域，不同投资者存在很大差异，造成这种差异的原因包括资本的来源、团队的组成及发展策略等。在操作层面上，不同投资者的投资流程大同小异，但创业者也要了解和掌握其中的差异。

3．关注每一位投资者

在融资过程中，投资者会对企业进行详尽的尽职调查，而由于职位、阅历、关注的领域等不同，不同的投资者往往会有不同的习惯和偏好，这就需要创业者提前了解每一位投资者。例如，投资团队中的一位投资者特别喜欢某个项目，但另一位投资者对此项目不感兴趣。面对这种差异，创业者要仔细分析他们的意见，争取获得多数投资者的青睐和支持。

11.3 低风险融资案例详解

融资过程中的风险是难以避免的，但有些经验丰富的企业凭借强大的能力，以很高的效率完成了低风险融资，如罗辑思维、Soomla、饿了么等。

11.3.1 罗辑思维：打造"知识众筹"模式

罗辑思维是一个大型互联网知识社群，产品包括微信公众号、知识类脱口秀、微商城、百度贴吧等，由自媒体人罗振宇运营。罗辑思维主要服务于"80后""90后"有"爱智求真"强烈需求的年轻群体，以"有趣、有料、有种"为口号，倡导用独立、理性的思维方式考虑问题，聚集了一批阳光向上、人格健全、拼搏奋进的新青年。

在罗辑思维的多轮融资中，B轮融资是非常值得分析的。B轮融资的领投人为中国文化产业投资基金和启明创投，参投人有柳青、柳林、俞敏洪、李善友、包凡等知名人士。而华兴资本则担任此次融资的独家财务顾问，为罗辑思维提供财务方面的帮助。

那么，罗辑思维能获得众多行业知名人士青睐的原因是什么呢？首先，罗辑思维的内容生产和导流能力强。内容是移动互联网时代最大的流量来源。众所周知，罗辑思维是一个大型互联网知识社群，积累了大量忠诚的粉丝，而这些忠诚的粉丝都是依靠罗辑思维生产的原创内容维系的。

作为新的投资者，中国文化产业投资基金的总裁陈杭表示："内容消费、社群经济和中产阶级消费升级是未来经济的主要增长点，这些增长点正是罗辑思维的强项，罗辑思维的内容生产能力和社群聚集能力都已经证明其领先地位，而且未来会继续领先，还会衍生出更丰富、有趣的经营模式。我们非常看好罗辑思维的发展。"

罗辑思维的变现方式多种多样。对投资者来说，内容是入口，变现能力是最关键的。大多数媒体的收入来源于广告发布、线下活动、整合营销等，而自媒体则依靠承接广告、软文、公关稿等业务来盈利，盈利方式相对比较单一。与其他自媒体相比，罗辑思维的变现方式更加多样化。罗辑思维的变现方式如图11-3所示。

1. 向会员收费

罗辑思维曾经只用了半天时间就筹集了160万元，售完所有会员资格。在招募二期会员时，罗辑思维又成功筹集会员费800万元。如果深入分析其成功的原因，可能是其不断输出优质内容，并且这些内容受到了广大粉丝的喜爱。

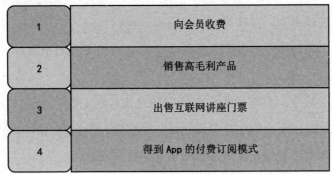

1	向会员收费
2	销售高毛利产品
3	出售互联网讲座门票
4	得到 App 的付费订阅模式

图 11-3　罗辑思维的变现方式

2．销售高毛利产品

除了向会员收费，罗辑思维还通过销售高毛利产品来盈利。罗振宇曾经做得非常成功的产品是图书和月饼。普通的图书当然不是高毛利产品，但礼品版的图书套装就不一样了，因为图书套装已经超越书籍范畴，成为一种礼品了。

月饼也是高毛利产品。罗振宇在卖月饼的时候使用了众筹玩法，吸引了众多会员参与。根据罗辑思维微信公众号截取的销售数据，在产品销售的 13 天里，参与人数为 2 698 790 人，总参与次数为 8 000 972 次，完成订单数为 20 271 笔，总销售量为 40 038 盒。一些罗辑思维的粉丝甚至花钱买月饼送给罗辑思维的会员。

3．出售互联网讲座门票

在互联网时代，很多传统企业家都在积极地向互联网转型，但又不知道如何下手，所以关于互联网讲座方面的需求特别大。罗振宇曾经举办了一场名为"时间的朋友"的跨年讲座，并在罗辑思维的微信公众号上宣布这个讲座将持续举办 20 年（每年的同一时间举办）。与此同时，罗振宇预售了 99 张门票，售价为 4 万元，这些门票一推出就被一抢而空。

4．得到 App 的付费订阅模式

罗辑思维推出得到 App，由独立的团队运营，其商业模式是付费订阅，即

用户只有付费才能阅读平台上的内容。该平台上的内容分为音频、图书干货提炼、全本书 3 类。如今，李翔、王煜全、王烁、和菜头、刘雪枫等内容提供者已经入驻该平台，提供付费订阅内容。得到 App 上线以来，业务发展很快。其中，"李翔商业内参"上线仅 3 个月就获得了 7 万个用户、1400 万元的经营收入。

在罗振宇看来，自媒体是一个特定的时代，这个概念会泡沫化，未来会越来越少被提起，而内容生产个人化是一个趋势。作为特色鲜明的知识品牌，罗辑思维受到用户欢迎、投资者青睐是非常容易理解的。

11.3.2 Soomla：轻松吸引多位天使投资者

Soomla 是一家致力于为移动游戏提供应用内支付方案的企业，雅尼夫·尼赞是该企业的联合创始人兼 CEO。

刚开始时，雅尼夫·尼赞的融资经历非常艰辛，但即使如此，他还是吸引了 7 位天使投资者的注意。雅尼夫·尼赞吸引天使投资者的经验如图 11-4 所示。

1. 在特殊场合寻找天使投资者

与风险投资者的高调不同，大多数天使投资者都很低调。因为他们不仅要充当天使投资者的角色，还大多是全职工作者，如创始人、CEO、高层管理人员等。雅尼夫·尼赞是在特殊场合找到潜在天使投资者的，如面试的场所、游泳馆、送孩子上学的路上等。有一次，朋友为雅尼夫·尼赞引荐了一位天使投资者，过了很久他才发现自己与这位天使投资者曾经遇到过，只是没有留意。

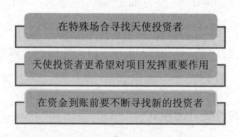

图 11-4　雅尼夫·尼赞吸引天使投资者的经验

2．天使投资者更希望对项目发挥重要作用

雅尼夫·尼赞本以为找到天使投资者，融资就没问题了，结果当他提出让这位天使投资者给自己的企业投资时，这位天使投资者毫不留情地拒绝了。后来雅尼夫·尼赞才知道，天使投资者不是没钱，也不是担心回报少，而是不希望被看作财产代理人。于是，雅尼夫·尼赞决定邀请天使投资者担任企业的战略顾问，而天使投资者表示愿意投资，并给雅尼夫·尼赞提供了一些不错的建议。

由此可见，天使投资者更渴望被尊重。因此，创业者要让天使投资者与自己共进退，让他们在项目走向成功的道路上发挥重要作用。

3．在资金到账前要不断寻找新的投资者

在雅尼夫·尼赞找到 5 位天使投资者后，他们分别提出了不同的要求，导致谈判迟迟没有结果。在这种情况下，雅尼夫·尼赞一直没有忽视这 5 位天使投资者拒绝投资可能带来的风险，选择继续与新天使投资者接触，以防发生意外。

最终，雅尼夫·尼赞的策略成功了，一位新天使投资者对他的项目非常感兴趣，提出领投这轮融资。在确定领投方后，谈判就很容易达成了。虽然第一位天使投资者最终没有参与对 Soomla 的投资，但 Soomla 认为如果没有第一位天使投资者，也许就无法找到领投方。

Soomla 的融资经验值得创业者借鉴。在创业初期，天使投资者的资金和资源支持对企业的生存有着重要影响，因此创业者应当重视天使轮融资，学习一些成功融资的经验。

11.3.3　饿了么：拿到 7 轮以上融资的秘诀

饿了么是知名的 O2O 在线订餐平台，其历次融资如表 11-1 所示。

表 11-1　饿了么的历次融资

时　　间	融资情况
2011 年 3 月	获得金沙江创业投资基金 100 万美元的投资

时　　间	融资情况
2013 年 1 月	获得经纬中国、金沙江创业投资基金 600 万美元的投资
2013 年 11 月	获得红杉资本、经纬中国、金沙江创业投资基金 2500 万美元的投资
2014 年 5 月	获得大众点评、红杉资本、经纬中国 8000 万美元的投资
2015 年 1 月	获得中信产业基金、腾讯、红杉资本、大众点评等 3.5 亿美元的投资
2015 年 8 月	获得 6.3 亿美元的投资，由中信产业基金、华联股份领投，华人文化产业投资基金、歌斐资产、腾讯、京东、红杉资本等跟投
2015 年 11 月	获得滴滴出行的战略投资，金额未披露
2016 年 4 月	获得阿里巴巴和蚂蚁金服 12.5 亿美元的投资
2017 年 6 月	获得阿里巴巴 10 亿美元的战略投资
2019 年 10 月	获得 30 亿美元的投资，由阿里巴巴、软银领投

　　在移动互联网的大潮下，O2O 产业成为风口，给予饿了么前所未有的机会。饿了么的创始人张旭豪总结了自己的融资经验，如图 11-5 所示。

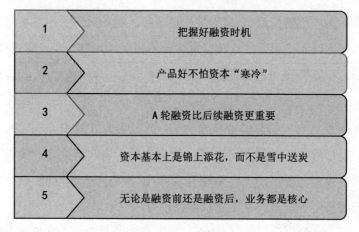

图 11-5　张旭豪的融资经验

　　（1）把握好融资时机。张旭豪认为，融资就是"卖血肉"，以此谋求发展。因此，创业者应当先把商业模式打造出来，等到有一定的数据和竞争力后立刻融资，这样股权会最小限度地被稀释。饿了么从 2011 年开始进行第一轮融资，那时其商业模式已经比较清晰了。

　　（2）产品好不怕资本"寒冷"。张旭豪表示，如果一款新产品能够被市场认可并且可以复制、快速成长，那么风险投资会很快进来。2011 年，饿了么模式在上海交通大学附近获得成功，当时虽然其创始团队没有写过任何商业计划书，但投资者主动来找他们。因此，只要创业者把自己的产品做好，在一个区域内有很好的数据支撑，就有机会吸引投资者。

（3）A 轮融资比后续融资更重要。张旭豪说："A 轮融资能拿到多少钱没有关系，你还有 B 轮、C 轮融资。很多投资者未来会跟投，重要的是在 A 轮融资中，你的投资条款要搭建好、要足够健康。比较弱势的投资者给你的估值高一点，同时你希望有更高的估值，并且条款更好，投资者是不是很有钱不太重要，你可以在 B 轮、C 轮再来弥补。"

（4）资本基本上是锦上添花，而不是雪中送炭。张旭豪说："融资的关键在于你的业务有成长，资本基本上是锦上添花，很难雪中送炭。你发展得不够好，最终会被抛弃；项目永远在增长，就会受人追捧。"

（5）无论是融资前还是融资后，业务都是核心。张旭豪认为，创业者要把更多精力放在业务上，致力于提升用户体验，这样自然而然会获得资金。另外，在获得资金后，创业者还要把重心放在业务上，占领核心资源、垄断一些核心业务是融资后使用资金的目的。

大多数企业都不是靠几轮融资就可以发展壮大的。在市场形势好的时候，创业者应当多融资，扩大市场份额，争取在行业中形成垄断。

第12章

市值管理能力建设与增强

随着资本市场的环境日趋复杂，市值管理已经成为每家企业必须考虑的重要问题。合理、有效的市值管理不仅能够对企业的行业地位产生积极影响，还有助于增强企业的融资能力，从而帮助企业不断扩大规模并实现良性发展。

12.1　市值影响行业地位

在资本市场中，行业地位越高，越能得到更丰富的发展资源及更广阔的发展空间。市值管理能够对企业的行业地位产生影响，市值越高，企业的行业地位就越高。

12.1.1　二八法则：行业第一的利润更丰厚

经济学家帕累托提出，任何事物中起到关键作用或决定性作用的内容只占事物的一小部分，约为 20%；其余的 80%尽管占比较大，但只能起到次要的、非决定性作用。因此，该理论被称为二八法则。

二八法则具有广泛的应用性。例如，在企业管理方面，许多企业十分重视二八法则的应用。通用电气会将最丰厚的奖励赋予工作绩效第一名的员工，这一激励制度充分激发了员工的工作积极性，使其工作效率大幅提升。摩托罗拉重点关注员工群体内的前 25%与后 25%，对于前者会积极鼓励，采取激励措施使其工作热情得到保持；对于后者，则为其提供进步与发展的机会。

在商业市场中，二八法则同样适用。在行业市场中排行第一的企业，往往能获取最多的利润。这不仅是因为排名前 20%的企业能够迅速获取企业发展的各项资源，并将其集聚起来，还因为这些行业领先企业占据了行业竞争中的绝对优势地位。对消费者来说，行业领先企业往往是该领域中名气最大的企业，这些企业甚至无须进行过多的广告营销，消费者就会自主流向行业领先企业。而对企业来说，竞争优势也会累积，并在企业发展过程中形成良性循环。

12.1.2　苹果公司：获取智能手机行业大部分利润

据报道，2022 年，苹果公司的利润再次占据智能手机行业的榜首位置，且占比巨大，大概为整个行业的 85%。近年来，随着消费市场的升级及智能手机的广泛普及，智能手机市场呈现出爆发式增长。在发展过程中，苹果公司始终占据行业中的绝对领先地位，成为全球范围内智能手机行业的巨头企业。

如此高的市场占有率是多方原因共同作用而形成的结果。

首先，作为苹果公司的创立人，史蒂夫·乔布斯坚持美学至上的原则。在苹果公司创立之初，史蒂夫·乔布斯就坚持将先进的技术与极致的美感深度融合，创造出外观极具美感的苹果手机。同时，苹果手机的各种应用界面也十分简洁，能够为用户带来舒适的使用体验。

在售后与服务方面，苹果手机具有完备的售后服务体系，能够及时、快速、高效地处理用户在使用过程中出现的各种问题，使用户买得安心、用得放心。

对消费者来说，在各品牌智能手机的功能都渐趋完备的当下，苹果手机充满美感的外观、舒适的软件体验及高效的售后服务成为其备受青睐的重要原因。

其次，与其他智能手机不同，苹果手机使用的是其自主研发的 iOS 系统，这也是苹果手机与其他智能手机最大的差别。在软件安全性、使用流畅度、界面外观等方面，iOS 系统都具有极大的优势。

除软件系统之外，苹果手机的 CPU（Central Processing Unit，中央处理器）

与 GPU（Graphics Processing Unit，图形处理器）在各方测试数据方面的表现也都十分突出。由于专注于一款机型的硬件研发，并且拥有独特的 iOS 生态，因此苹果公司的技术开发人员能够最大限度地对硬件进行优化，而无须过多考虑兼容问题。对核心技术的开发与掌握，是苹果公司始终占据行业领先地位的重要原因之一。

最后，销售利润离不开产品的广告营销。苹果公司一直注重在营销领域的业务布局，每年都召开新品发布会，在固定日期推出新机型，充分营造神秘感，并且能够使消费者保持高度期待。同时，苹果公司会通过拍摄优质广告片在全球推广的方式将产品特性及科技感与人们的生活场景融合起来，吸引大量新消费者。

此外，苹果公司还一直致力于打造特有的产品生态系统，Macbook、iPad、iPhone、Apple Watch 等智能产品均搭载了 iOS 系统，与 iTunes 及各种苹果系统特有的 App 等软件结合起来，使苹果公司形成了其特有的产品生态。通过产品生态的打造，设备与设备、设备与人、人与人之间能够进行流畅和高效的互动共通，用户对品牌的忠诚度不断提高，苹果公司也因此获得了长期且稳定的收益。

基于苹果手机的众多产品优势，苹果公司始终屹立于智能手机行业的金字塔之上。行业龙头这一市场地位使苹果公司的品牌优势不断累积，也为其聚集行业内部的利润提供了有力的保障。

随着市场声量不断扩大，当前，苹果这一品牌在智能手机领域几乎可以说是家喻户晓，甚至无须进行广告营销。这也使其在多年发展中积累下无数忠实"果粉"，每当苹果产品更新换代之时，大批"果粉"都会积极抢购，他们成为苹果产品销售量的最大保障。

史蒂夫·乔布斯曾说："消费者其实也不明白自己需要什么，只要公司把产品做好就够了。"正是行业领先的地位赋予了苹果公司引导市场的能力，而无须被市场牵制。掌握市场就是掌握了销售量，这无疑为苹果公司创造出巨大优势，使苹果公司真正成为行业领跑者，而非跟跑者。

12.2　市值管理双公式与三理论

双公式与三理论是市值管理中的重点内容，深入了解双公式与三理论的相关内容，可以更加明晰市值的概念，从而更好地开展市值管理。

12.2.1　市值管理双公式

市值是一个能够运用公式进行计算并得出准确数值的指标，可用于衡量经营状况。市值的计算公式主要有两个：第一，市值=税后净利润×市盈率；第二，市值=股价×总股本。

1. 市值=税后净利润×市盈率

市值主要由两个变量决定：第一，体现企业盈利能力的税后净利润；第二，体现企业估值的市盈率。该公式充分体现出投资的精髓与核心，若市值升高，则投资者会相应地获取收益；若市值降低，则投资者会相应地产生损失。

市盈率分为动态市盈率、滚动市盈率与静态市盈率。动态市盈率的计算方法是用股价除以当前年份一年内的每股收益，而在现实情况中，通常不会恰好在一年末尾对动态市盈率进行计算，所以需要对一年的每股收益进行估算；滚动市盈率的计算方法是用当前股价除以过去 4 个季度的每股收益；静态市盈率的计算方法是用当前股价除以前一年的每股收益。

总的来说，市盈率的计算方法是用当前每股普通股在市场中的价格除以每股普通股的税后净利润。而每股收益的计算方法是用企业过去一年的净利润减去优先股的股利，再除以全部发行的已售股数。

在实际应用过程中，在对企业的市盈率进行估值时，还需要根据企业的行业特点、杠杆率、成长性等多方面的因素进行综合考量。例如，高杠杆企业的市盈率往往较低，而高成长性企业的市盈率相对较高。

2. 市值=股价×总股本

在资本市场中，总股本是指企业对外发行的股票总数量，在短期内往往不会发生变动，因此在这一公式中，市值的变化实际上就表现为股价的变化。而在企业进行增发、回购、分红送股等操作时，企业的总股本会发生变化。

总股本有流通股与非流通股之分，市值也相应地分为流通市值与非流通市值。非流通股本即限售股，是指不能在二级市场自由流通的股本。

12.2.2 市值管理三理论

1. 产融互动理论：互动与循环，预期自实现

任何企业的经营管理都离不开两个市场，分别是产业市场与资本市场。产业市场追逐的目标是创造利润，资本市场追逐的目标是产生市值，二者相辅相成，不可分割。在实际经营中，企业更多地注重产品市场，总是在思考利润问题，很少思考市值管理问题，而能够将二者进行有效融合的企业更是屈指可数。

整体来看，市值的升高不是单线条升高，而是"业务+资本"双轮驱动式升高，呈现出立体螺旋式的上升形态。市值管理的核心在于产融互动，其模式如图 12-1 所示。

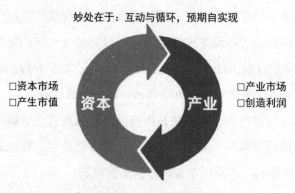

图 12-1　产融互动模式

由图 12-1 可知，在具体执行方面，市值管理主要通过产业经营和布局增加利润，同时要和资本市场进行有效对接，最终使得资本市场充分认可企业的产业布局，实现稳定及提高市值的最终目标。

企业必须同时具备资本与产业两套思维，并将其融合起来实现产融互动。

企业负责人与控制人需要认识到对企业的核心竞争力与股东财富来说，终极指标是市值，而利润是过渡性的指标；企业的利润会对市值产生直接影响，同样，市值也将影响到企业的利润与长期发展。

当前，市值逐渐成为企业的价值实现形态，但仍有许多企业只熟悉产业市场及创造利润，不了解产业市场与资本市场这两个不同方面的不同游戏的玩法与规则。因此，为了使自身能够实现可持续性的健康发展，企业必须坚持推行产融互动理念。

产融互动理念的本质是通过互动循环，创造 EVA（Economic Value Added，经济附加值），从而实现预期增长目标。对于产业市场与资本市场中出现的不同类型的问题，企业要在逐个击破的基础上进行有效融合，最终提升企业的市值。

2．经营体系理论：从宏观角度加强经营管理

产业市场是市值管理的底盘。为了拥有良好的市值基础，企业要着力打造产业市场的核心竞争力，并从宏观角度加强企业的经营管理。

产业市场核心竞争力的重要指标有 5 个，如图 12-2 所示。

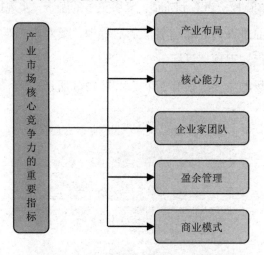

图 12-2　产业市场核心竞争力的重要指标

指标 1：产业布局。企业要判断自己的企业做的是多元产业还是单一产业，做的是周期性产业还是非周期性产业，以及做的是新兴产业还是传统产业，

并在此基础上进行垂直发展，打造核心业务，形成核心竞争力，从而做到保值与增值。

指标 2：核心能力。虽然每家企业的核心能力都不相同，但是都必须有一个强项，这一强项可以体现在产品规模、营销创新、品牌打造及团队管理等方面。这一强项就是企业的核心竞争力与独特定位，能够进一步提升企业的市值。

指标 3：企业家团队。在经济升级、消费升级的背景下，对上市企业来说，企业家团队是企业能否持续盈利的核心因素。优秀的企业家团队能够为企业的发展提供智力支持，让企业在发展的过程中少走许多弯路。

指标 4：盈余管理。盈余管理是指在会计准则的规范作用下对财务报表进行合法的调节。这样的调节可以使财务报表更能吸引投资者的注意力，能够为企业获得更多的融资，从而实现提升市值的目标。

指标 5：商业模式。企业的商业模式主要有两种，分别是 B2B（Business to Business，企业对企业）模式和 B2C（Business to Customer，企业对消费者）模式。无论是哪一种商业模式，都要找准其核心客户，找到盈利的本质需求点。只有这样，才能够让投资者看到价值，吸引更多的融资，实现提升市值的目标。

由此可知，企业在进行市值管理的过程中，要对影响产业市场的因素进行优化调整，从而实现预期目标。

影响资本市场的主要因素有 5 个，如图 12-3 所示。

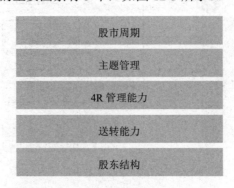

图 12-3　影响资本市场的 5 个主要因素

因素 1：股市周期。股市行情存在牛市与熊市这两种主要形式，但是在牛市里仍存在结构性熊市，在熊市里也存在结构性牛市。企业在股市发展中要根据股市周期的变化做出相关的运营调整，最终实现保值乃至增值的目标。

因素 2：主题管理。企业都会有若干主题：从业务角度看，大数据、人工智能、环保安全都属于不同的主题；从风格角度看，存在龙头股与边缘股等不同形式的主题；从市值板块角度看，存在高市值与低市值、高价股与低价股等不同的主题。

因素 3：4R 管理能力。4R 主要是指企业的投资者关系（Investor Relations）、分析师关系（Analyst Relations）、监管机构关系（Regulator Relations）及媒体关系（Media Relations）等。这是企业在资本市场上经常接触且十分重要的 4 个对象。企业需要时常进行 4R 关系处理并增强 4R 管理能力，通过对不同关系的维护，从不同的关系层面与角度提升企业的市值。

因素 4：送转能力。企业存在两个重要的指标，分别是未分配利润和资本公积。这两个指标在 A 股市场极其重要。企业的送转能力主要通过这两个指标进行评估，管理好这两个指标也能够达到提升市值的效果。

因素 5：股东结构。两家企业即使是做同一个产业及相同的业务，如果二者的股东结构不同，那么市盈率及提升市值的效果也会有很大的不同。因此，企业必须时刻关注经营前沿，根据最新发展形势与业界变革形势，对股东结构做出优化与创新。

基于对以上因素的管理，企业能够根据自身发展过程中的实际情况对相关因素进行及时调整，使企业的能力能够与产业市场及资本市场的要求相匹配。

3. 价值体系理论：不要忽视价值波动规律

企业想要使自己在产业市场与资本市场中的竞争力不断增强，实现可持续发展，就要时刻关注企业市值的波动，建立起价值体系，而不能忽视自然存在的价值波动规律。

按照市场规律来看，在一定时间内，市值一定会围绕价值上下波动，如图 12-4 所示。

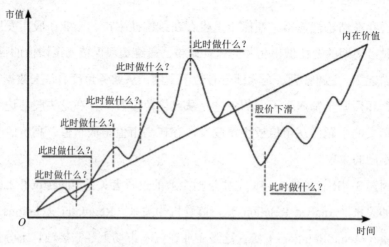

图 12-4　市值随时间变化产生的波动规律

在图 12-4 中，直线代表的是内在价值，曲线代表的是市值。从长期来看，如果这张图能够无限延伸，就会发现曲线与直线是大致重合的，这意味着市值一定能够回归内在价值。然而，在短期发展过程中，由于受到企业发展的内外部环境中诸多非理性因素的影响，市值始终是呈现波动状态的。

对企业来说，在市值波动的关键节点做出的应对措施就是其市值管理水平的体现。当市值低于内在价值时，企业可以进行对应的资本经营动作，如股权激励、回购、增持等。由于市值低于内在价值，因此在这个时间节点购入股票的成本相对较低。而当市值高于内在价值时，企业可以进行减持、换股、增发等资本经营动作，这有利于在市值波动期间使企业的市场竞争力得到增强。这是由于这些经营动作能够使企业在资本市场中获取更低的融资成本，并且利用股权的溢价去获取其他企业的股权或者资产，从而使自身的核心竞争力得到增强。

通过对价值体系的运用，企业能够更好地适应市场波动，并在变化中寻求发展机遇，实现持续增长。

12.3　市值管理模型分析

企业开展市值管理，需要做好以下工作：首先，要精准地判断宏观经济形势，及时抓住发展机遇，充分利用利好性政策；其次，要逐项分析每个构成参数，根据企业的实际情况制定恰当的市值管理策略；最后，要找到合适的对标企业，通过对标管理使企业实现快速发展。

12.3.1　高市值带来更大的融资规模

企业的市值越高，就意味着企业的持续融资能力越强，越能够获得充足的发展资金。企业在顺利上市后，并不是仅有首次上市时进行的新股发行这一种融资途径，还可以在股市中持续进行融资。

例如，早在 20 世纪 90 年代，万科就已上市。多年来，万科在股市中持续通过配股或定向增发进行融资，不断获取充足的发展资金，使企业实现了快速发展。若一家企业的市值为 10 亿元，则该企业在进行配股或定向增发时，融资的金额不能超过 10 亿元。因此，市值越高，企业的融资能力就越强，企业能够获得的资金也就越充分。

企业的市值越高，越有利于从多方面扩大企业的声誉，从而树立起良好的品牌形象。每年都会有各式各样的媒体或机构对不同行业的企业的市值进行排名，市值越高意味着企业能够在各类权威的排名中获得的名次越靠前，这无疑会为企业带来更高的关注度。

同时，市值越高、企业规模越大，就会有越多来自媒体的关注与报道，这也将会使企业的品牌知名度不断提高，使企业不仅能够提升行业地位，还能够吸引越来越多的投资。

企业的市值越高，越有利于扩大企业的规模效应。企业之间的竞争在很大程度上表现为高端人才的竞争，人才是创造企业价值的关键，而人才必定会流向平台更宽广、待遇更优渥的较大规模的企业。

股权激励是激发员工工作热情，以及吸引高端人才加盟的重要手段之一。当企业的市值在行业中有着较强的竞争力时，企业就能以股权激励的方式吸引越来越多的高端人才流向自身，并且通过做出限定年限内不允许对激励股权进行买卖的规定，更好地留住人才、充分挖掘人才的潜力。

此外，市值高的企业还能通过融资、整合资源等方式扩大规模效应。市值越高，企业能够开展的融资规模就越大。市值低的企业不可能通过吞并的方式去整合比自身规模大得多的企业。通过市值管理，企业能够迅速获得话语权，拥有更多的发展机会及更加广阔的发展空间。如此良性循环能够使企业的市值不断提高，并使企业实现可持续性的健康发展。

总的来说，企业的市值越高，越能为自身的发展提供有利条件。在使企业得到持续发展，市值不断提高的过程中，企业更容易吸引投资者，这也会对企业股票价格上涨产生积极影响。例如，贵州茅台、腾讯等企业就是这类企业的典型代表。

而对投资者来说，在进行投资选择时，不仅更容易关注到市值较高的企业，还会考虑到市值较低的企业往往在稳健性、确定性等方面都与市值较高的企业存在很大差距。

在市场竞争越来越激烈的当下，巨头企业之间的竞争很容易造成垄断，使小型企业的生存空间遭到挤压。例如，滴滴出行与快的打车分别背靠腾讯与阿里巴巴这两大巨头企业，通过发放消费补贴来进行竞争，而小微企业并不具备这样的竞争条件，便会自然而然地被市场淘汰。

同时，市值较低往往意味着企业规模较小，企业的话语权将会在少数人中高度集中，这容易使个体形象代表企业形象，使企业的道德与经营发展等方面的不确定性因素增加，并且企业的规模越小，不确定性越大。

12.3.2　精准地判断宏观经济形势

在当前经济发展的背景下，宏观经济形势的变化将会迅速反映在股市的动态变化中。证券市场有着"经济的晴雨表"之称，这不仅意味着证券市场是宏观经济形势的先行指标，还表明宏观经济形势的变动影响着证券市场的走势变化。可以说，对证券市场的长期走势来说，经济的宏观调控能够起到极为重要的作用。

宏观经济形势对证券市场的影响主要体现在以下几个方面。

第一，企业的经济效益。宏观经济形势影响着企业最基本的生存与发展，通常情况下，宏观经济发展向好，企业的盈利水平能相应地升高，此时的证券市场也会有更好的表现；反之，在强有力的紧缩型宏观经济调控政策的影响下，企业的经营与投资都会受到影响，从而导致证券市场的市值相应地下降。

第二，居民的收入水平。随着居民收入水平的提高，居民的消费水平也会随之提高，从而使市场中各行各业的企业的经济效益得到显著提升。此外，居民也是证券市场的重要参与主体，居民收入的增加还能拉动股市的投资需求。

第三，投资者的预期。投资者的预期反映了投资者的信心，是宏观经济形势对证券市场产生影响的重要表现形式。当宏观经济形势良好时，投资者对证券市场的信心将大涨，股市也能吸引更多的资金投入，从而使市场平均价格不断走高；反之，投资者的信心将会下降，股市的发展速度也将放缓。

第四，资金成本。当宏观层面的经济政策发生变化时（如利率水平调整等），将会使投资者的资金成本发生变化，进一步对资本市场产生影响。

因此，为了做好市值管理，企业要及时关注宏观经济形势的变动，通过对宏观经济形势的判断及预测，制定相应的发展战略，将自身在资本市场中的优势最大限度地发挥出来。

12.3.3　找到合适的对标企业

为实现股东财富与市值的可持续性增长与提高，企业需要大力开展对标管理工作，找到合适的对标企业，不断学习，提高自身的市值管理水平，并夯实管理基础，使企业的核心竞争力不断增强。

要积极开展对标管理工作，企业就需要充分运用先进的市值管理理念与规范、科学的市值管理手段，并结合企业自身的行业性质、经营特点，同时需要对资料获取的难易度与准确度进行考量，对标与自身规模相近、经营范围相似的先进企业。

在一定时期内，企业要通过与对标企业的经营业绩、市场开拓、技术管理创新、可持续发展等多方面的经营成果进行对比，并运用经济增长定量指标与多种定性指标相结合的方式进行分析，对企业的发展情况做出真实、客观的业绩评价，并根据评价结果提出改进意见，逐步实现与对标企业保持相同的发展水平。

对标管理工作的展开需要企业遵循分析准确、客观，指标科学，目的明确，改进措施切实可行且具有连续性等原则，同时遵循动态对标管理的原则，根据发展情况，不断更新发展指标，确立新的标杆，保证对标管理模式与对标企业的先进性。

此外，企业还需要遵循指标与管理并行的原则，在确定对标指标后，要实施规范、有效、科学、完善的管理，保证指标的先进性与管理的有效性，不断提高自身的市值管理水平及经营业绩。

12.3.4　巴菲特为什么钟情于 3G 资本

一直以来，巴菲特对私募股权基金并不持欣赏的态度，然而，他对同为私募股权基金的 3G 资本青眼相看。巴菲特与 3G 资本多次开展合作，促成了 3G 资本对亨氏集团的收购，推动了亨氏与卡夫的合作等。

通过对 3G 资本的探究发现，该企业成功的策略主要有 6 个，如图 12-5 所示。

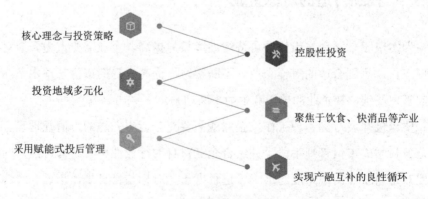

图 12-5　3G 资本成功的策略

1．核心理念与投资策略

3G 资本开展投资业务的核心理念在于以产业为本，永续经营。3G 资本利用自有资金开展长期控股性收购，并对被收购企业及其各业务部门进行主动式赋能管理，通过控制成本、引入高端人才及先进的管理理念、打造成熟的经营模式等方式，使其得到充分发展。此时积累的利润又能够再次用于品牌建设与规模拓展，使企业的话语权不断增大、行业地位得到进一步提升，企业的市值也能够随之得到提高。通过打造良性产融互哺闭环，3G 资本能够获得长期效益，实现永续经营。而这一理念与巴菲特长期坚持的投资理念十分契合。

巴菲特的投资理念主要包括 3 个：第一，将投资者心态转变为企业主心态；第二，选择具有优秀管理经验的企业进行投资；第三，开展集中性、长周期投资。巴菲特与 3G 资本的投资理念十分相近，这也是二者能够保持良好合作关系的重要原因。

2．控股性投资

3G 资本的控股性投资是在其长期持有的自有资金的基础上进行的。3G 资本的投资数量虽然不多，但每笔投资交易的规模都十分可观。

百威英博是一家由 3G 资本通过不断整合发展而来的啤酒行业巨头企业。在 3G 资本还没有正式创立之前，被称为"巴西三雄"的创始合伙人雷曼、斯库彼拉、特列斯就开始了对啤酒行业的试水——通过收购来自巴西本土的啤酒厂巴哈马，他们成功创立了啤酒企业。在发展过程中，他们认识到自身经营的真正优势在于管理模式，便对管理不善但业绩良好、业务成熟、品牌知名且股权较为分散的企业进行投资，以此实现扩张。通过不断整合，他们打造了大型啤酒企业安贝夫。在 3G 资本创立后，他们又进行了两次大规模并购，最终形成目前全球领先的啤酒企业百威英博。3G 资本仍在坚持收购，使其在啤酒行业的版图不断扩张。

3．投资地域多元化

3G 资本的投资遵循地域多元化的准则，不断向更成熟的市场延伸。自从完成对英特布鲁的收购以来，3G 资本的投资开始逐渐向欧美成熟市场延伸。

这些市场中往往有许多股权较为分散的企业，能够使 3G 资本进行低成本、高杠杆的交易操作。

3G 资本的投资分散于全球各区域市场。地域的多元化能够拓展收入来源，有效降低投资风险，还能规避许多外部风险，如利率变动、通货膨胀等。

4. 聚焦于饮食、快消品等产业

3G 资本对与饮食、快消品相关的产业十分重视，主要是由于这些产业的产品的制造与销售往往都拥有巨大的增效空间。以调味产品与啤酒为例，这些产品都具有制造成本高昂的特点，而高昂的制造成本主要来自人力成本。利用先进的资源管理模式，3G 资本能够降低人力成本，从而使产品的利润水平得到大幅提升。

同时，与单纯的零售产业相较，快消品的生产与销售的毛利润较多。对 3G 资本来说，这一特点能够有效平衡其财务杠杆。

饮食、快消品产业还具有商业模式简单和产业结构稳定的特点，凭借此特点，3G 资本能够快速占领市场，并形成竞争优势。

5. 采用赋能式投后管理

积极地进行并购能够使企业快速打入新的地域市场、扩大市场份额、获取优质资产。然而，并不是每一次并购都能顺利落地，企业之间各不相同的文化、管理模式、业务部门等都会成为阻碍，很有可能发生 1+1<2 的现象。而 3G 资本之所以能够成功完成多起并购，主要在于其采用了赋能式投后管理。

首先，3G 资本对被并购企业深度植入文化。通过向被并购企业派遣精英团队、合伙人等方式，3G 资本能够将自身的经营理念与企业文化传递到被并购企业的员工群体中，使被并购企业的员工能够逐渐形成对 3G 资本的认同感与归属感。

其次，3G 资本建立起精英化的薪资机制，使整合效率进一步提升。3G 资本十分青睐 PSD 型人才，即 Poor（出身贫穷）、Smart（聪明）、Desire（具有奋斗激情）。针对此类人才，3G 资本建立了灵活性薪酬制度，并通过股权激励等手段保证人才始终保持努力、进取的工作状态。

最后，3G 资本致力于降低成本，使组织内部各运营机构得到优化。在完成并购后，3G 资本往往会用多种手段来促进企业之间的整合。例如，在百威英博完成对安海斯-布希的收购后，3G 资本采取出售非经营性资产、削减冗员、降本增效、引入零基预算管理体系等手段使企业业绩得到迅速提升。

6. 实现产融互补的良性循环

3G 资本将赋能式投后管理与横向产业并购结合起来，能够使被投资企业的经营情况得到不断改善、企业业绩稳定增长。

依然以百威英博为例，虽然每笔并购金额巨大，但其投资回报率总能够迅速回升。当面临反垄断限制、并购后整合投入、高额利息费用等限制因素时，百威英博的投资回报率呈现出一定范围内的下滑，但在 3G 资本的赋能式投后管理下，百威英博的基本面得到持续且稳定的改善，同时企业业绩实现稳步增长，这使其能够迅速扭转劣势处境，不仅投资回报率实现回升，企业的股价也不断上涨，市值得到提升。

被投资企业在 3G 资本的运作下实现市值提升，反过来，被投资企业带来的巨额现金流也能够支撑 3G 资本在行业内部继续开展投资事业。

以百威英博为平台，3G 资本进行了多次成功的投资，使其旗下经营了上百个啤酒品牌。其中较具有代表性的除三大核心旗舰品牌百威、科罗娜、时代外，还有福佳、乐飞、贝克等国际品牌。近年来，3G 资本还将投资目光转到精酿啤酒与非酒精饮料的市场上，持续扩张其商业版图。

总的来说，3G 资本的产融互补循环过程大概分为以下 3 个步骤。

首先，通过自有的资金进行控股性收购，通过赋能式投后管理使被收购企业的产业价值得到大幅提升，从而创造巨额利润，并结清因收购产生的债务。

其次，多余的产业利润不仅能够用于在行业内开展横向并购，快速占领优势地位；还能被投入品牌建设中，进一步树立起行业领军者的品牌形象，增大行业话语权，使企业的基本面得到大幅改善。

最后，被投资企业实现股价上涨与市值提升能够反作用于 3G 资本，支撑其开展更多的投资业务。

第13章

融资模式升级与融资战略创新

对创业者来说，选择合适的融资模式与融资战略是重中之重。随着时代的不断发展，融资模式在不断升级，融资战略也有所创新，这就需要创业者与时俱进，积极提升自己。

13.1 新型融资模式盘点

诸多创业者和投资者在实践中不断探索和总结，发现融资模式呈现出多样化的特点，这对企业顺利募集到资金有很大帮助。本章从创业者的角度入手，总结并分析了几种常见的新型融资模式，包括信用担保型融资模式、租赁型融资模式、抵押型融资模式、基金融资模式、高新技术融资模式等。

13.1.1 信用担保型融资模式

信用担保型融资模式即企业在自身信用资质未达到银行贷款要求的情况下，由担保机构提供担保，以此提高企业的资信等级，从而获得融资的一种融资模式。

信用担保可以保障债权的实现，同时促进资金与其他生产要素的流通。作为一种特殊的中介活动，信用担保的主要作用是将投资风险分散或转移。担保机构的介入不仅分散了银行贷款的风险，还增强了银行对企业贷款的信心，企业贷款的渠道也因此变得通畅。

担保机构对企业所处的行业没有限制，但会要求企业具有持续、稳定经营的能力，还会要求企业在其行业内具备相对优势，如在产品、资源等方面超越同类企业。此外，担保机构还会根据企业的资产负债率、现金流量、利润增长率等数据指标和历史经营状况判断其偿还能力。部分担保机构还会要求企业领导具备战略眼光或企业团队具备凝聚力。

担保机构不仅能根据融资需求制定相应的方案，还可以帮助企业改善治理结构，在一定程度上提升企业的实力。在这些担保机构的协助下，融资往往会事半功倍。由于信用担保自身存在不易审查和控制的特点，因此创业者在选择担保机构时应遵循适度、谨慎的原则。

担保机构良莠不齐，在资本实力、风险控制、商业信誉等方面均存在差别。创业者应该结合企业的实际情况，对担保机构进行筛选，排除实力较弱、无法提供担保的担保机构。

13.1.2　租赁型融资模式

租赁型融资模式是指企业在使用某设备时，不用自己购买，而是向租赁企业申请租赁，这样租赁企业就会购入设备租赁给企业，而企业只需要分期支付设备租金的融资模式。

租赁型融资模式不同于传统的融资模式，它可以使企业在缺少资金时也能引进设备、发展生产。虽然企业没有设备的所有权，但是有使用权，而代价只是支付少量的租金。

这种融资模式减少了企业在固定资产中的资金投入，使资金在流动中增值，极大地节约了成本。其具体操作方法如下：由服务中心担任中介，使企业与租赁企业建立租赁关系，担保机构为企业提供履约担保，商业银行为租赁企业提供资金。

一般单笔租赁项目金额不超过 500 万元，租赁期限不超过两年。厂商回购和个人信用担保可以帮助租赁企业控制风险。

租赁型融资模式以其方便、灵活的特点帮助一些资金不足的企业解了燃眉之急，同时加速了企业的资金流通，推动了企业的发展。这种融资模式在购买飞机和轮船时得到普遍应用,在筹建大型电力项目时也较受关注。

13.1.3　抵押型融资模式

抵押型融资是一种全新的融资模式,通常包括两种类型:无形资产抵押和动产抵押。

1. 无形资产抵押

无形资产抵押的主体多为专利权、著作权、商标权等,这种抵押很适合中小型科技企业,因为中小型科技企业拥有的基本上都是无形资产,如商标权、著作权等。

无形资产抵押的一般流程如下:企业填写商业贷款申请书,之后银行对其承贷信用进行评估,若企业以其无形资产做抵押,则银行或企业需要将资料送至独立监价机构监价,由监价机构提供无形资产的公平市场监价报告。至此,企业便可成功贷款,获得融资。

2. 动产抵押

动产抵押是指企业将其动产移交债权人所有,将该动产作为债权担保的一种融资模式。如今,动产抵押已经发展得越来越成熟,使用的企业也越来越多。

生产型和贸易型企业大多租赁厂房和土地进行生产,没有不动产作为抵押物。这类企业可以请资产管理企业对本企业的货物进行社会资产评估和托管,以便获取银行贷款。

13.1.4　基金融资模式

基金融资模式是指从社会上的基金组织中获得资金支持的融资模式。广义的基金是指为了达成某种目的而设立的资金,有以下两种分类方式。

(1)依据基金单位的增加或赎回,可以把基金分为开放式基金与封闭式基金。开放式基金通过银行、券商等机构申购和赎回,其规模不固定;封闭式基金有固定的存续期，通常在证券交易场所上市交易。

（2）依据形态的不同，可以把基金分为企业型基金与契约型基金。企业型基金的特点是企业会设立并发行基金股份来筹集资金，契约型基金则是基金管理人、基金托管人与投资者三方通过基金契约设立的。

我国的证券投资基金以契约型基金为主，契约型基金的操作更简便。契约型基金不需要设立合伙实体，只由基金管理企业发起设立。基金管理企业成为基金管理人，与其他投资者签订契约型投资合同。在这种情况下，基金管理企业是投资主体，是企业的股东。

在契约型融资模式下，原投资者可以通过平台方以买入价把受益权转让出去，解除融资协议，拿回资金。新投资者可以在平台上以卖出价从原跟投人手里买入受益份额进行投资，与领投人建立投资合作关系。契约型基金的灵活交易提高了资金的流动性。

13.1.5　高新技术融资模式

高新技术企业是指在《国家重点支持的高新技术领域》内，以企业独有的知识产权为基础进行深度的生产、研发、经营活动，且注册时间满一年的民办企业。这些企业通常会受到国家的重视，享受全国或地方性的优惠政策。例如，在税收方面，高新技术企业的研发费用可用于抵减税款，且抵税比例大于非高新技术企业。

由于每一项高新技术都需要大量的资金支持，因此高新技术企业对于资金有着更为迫切的需求。高新技术企业的资产多为无形资产，难以用于抵押或质押贷款，因而利用国家政策进行高新技术融资就成为许多高新技术企业获得资金的首要选择。

国家通过设立科技基金对高新技术企业进行扶持，而高新技术企业通过这种方式申请到的资金也是专项资金的一种，可以用于解决产品研发等技术问题。基金的申请对企业的专利数、科技成果等有着严格的要求，这些要求推动企业战略升级，使其成为名副其实的高新技术企业。

南京艾尔普再生医学科技有限公司（以下简称艾尔普）则向我们展示了高新技术对资本的强大吸引力。艾尔普是一家利用干细胞再生技术治疗疾病的生物科技企业，其核心技术是通过将体细胞诱导为干细胞，实现组织器官或人体细胞的再生。医学界的许多人都相信，这项技术能为再生医学带来巨大的变革，能够治愈那些被神经退行性疾病和心衰疾病困扰的病人。许多业内、业外的投资者都十分看好艾尔普在再生医学方向的发展前景，2019 年，艾尔普在 A 轮融资中获得了数千万元的资金。作为领投人的雍创资本十分看好艾尔普的发展前景，相信其未来将研发出更多创新型产品。

2020 年，艾尔普成功利用干细胞再生技术治疗心衰的临床试验被刊登在杂志《自然》上。同年，艾尔普的 A+轮融资完成，雍创资本、紫牛基金等老股东全部跟投，艾尔普共计获得融资 5000 万元。其创始人王嘉显表示，艾尔普将基于本次研究成果进一步为终末期心衰病人提供治疗方案，将融资获得的资金用于优化制备技术，实现产品的批量化生产。

13.2　创新的起点：多元化经营

很多企业为了顺应时代潮流，获得投资者的青睐，都倾向于选择多元化经营策略。在激烈的市场竞争中，这种策略离不开资金和资源的支持。与此同时，创业者也要掌握实施这种策略的关键点，尽自己所能让企业发展得更好。

13.2.1　完善与巩固主营业务

主营业务为企业带来了主要收入，是企业生存和发展的主要源泉和基础。企业首先应将熟悉和擅长的主营业务做好，追求最高的市场占有率和最大的经济效益，在此基础上兼顾多元化。国内外企业的扩张实践也证明，那些通过实施多元化经营策略进行业务扩张，但依然以原有业务为中心的企业比其他形式的企业取得了更好的经营业绩。如果主营业务发生问题，那么企业的所有业务都会受到打击。下面是完善与巩固主营业务需要注意的 5 个问题。

1．生产操作流程化、标准化

在企业刚起步时，内外部环境还不够稳定，企业应当将生存下去作为主要目标，通过优质的产品增强自身的竞争力，迅速打开市场，而这一切的基础是生产操作流程化、标准化。企业应当用数字化、时间化、品质化衡量生产工艺的每个操作步骤。

2．追求核心产品价值最大化

产品是企业发展的内在依据，产品质量是企业的灵魂。产品的价值在于满足客户的需求，优质产品是企业在任何时候都应该重视的。不管企业有几款产品，都必须打造一款具有核心竞争力的产品。因此，企业应当根据自身的实力和特点，结合市场需求，开发出独具特色的产品，为多元化经营做充分的准备。

企业要想将产品做好，最初做的产品品类就应当少。只要对一两款产品追求极致、打造品牌产品，企业就能有核心竞争力。例如，麦当劳的成功来源于其对快餐业务的专注，宝马的成功来源于其致力于对卓越轿车的打造。

企业要想做到每一款产品都受到消费者的喜爱，就必须把控好产品质量。

3．定位目标市场

市场是企业实现价值的场所，做好市场调研与预测是打开市场的前提。企业要充分考虑自身的具体情况，确定目标市场，不要好高骛远，也不要做没有意义的事。总之，企业应及时把握市场动态，做出正确的决策。例如，美国吉列公司通过市场调查发现女性对剃须刀有着潜在需求，便抓住了市场机遇，采用逆向思维方式，开发了女性剃须刀，产生了轰动式效应。

企业在最初开拓市场后，应与客户保持良好的关系，提升客户的忠诚度，使其成为企业非常重要的口碑传播者。企业家普遍认为，维持市场往往比占领市场更难。

4．有效运用财务数据

财务数据是企业活动的数据化展示，记录了企业发展过程中的所有数据。

有效运用财务数据是将企业主营业务做好的必然要求。财务数据可以反映企业各部门的绩效、各工作环节的实际运行效能。

财务管理是企业管理体系中的重要组成部分，财务报告应当做到透明化、精确化，真实反映企业的每一项经营活动。财务分析评价的根本目的是从中发现问题、找到规律、得出启示，为管理人员做决策提供依据。

5. 各职能部门与岗位设置相互配合

要想进一步完善与巩固主营业务，企业各职能部门与岗位设置就要相互配合，做到人尽其职、职尽所能。管理人员在设置职能岗位时要本着合理化原则，协调各部门、各环节、管理层之间的冲突。管理人员要想将企业管理好，就应当挖掘员工的最大潜能，通过激励制度让员工保持主动性、积极性。

管理人员要控制项目实施过程，建立高效的绩效反馈机制和冲突处理机制，避免杂乱无章、岗位空缺、员工冗杂。有效的企业管理机制可以营造竞争与和谐并存的工作氛围，既让员工感到工作的压力和责任，又让其充满自信心。

13.2.2　充分利用协同效应

协同效应是指企业在实施多元化经营策略的过程中，不同的经营环节、经营阶段都使用相同的资源，如原料、技术、设备、信息、人才、市场、管理方法等，最终产生的整体效应。

协同效应通常表现在以下 3 个方面。

第一，生产技术方面。生产技术方面的协同效应是指在利用原料、零部件、机器与设备、设计与开发、工艺、工程技术人员等资源时具有整体性。生产技术方面的协同效应有助于企业降低生产成本、提高技术水平。

2020 年 5 月，台积电选择亚利桑那州作为自己在美国的先进制程半导体生产基地，同时宣布将芯片工厂的一整套设备搬到美国，即采用"整厂输出"模式降低成本。

将整套设备搬到美国，而不是现场组装，可以把核心技术保护起来。当然，这也与半导体领域发展方式的转变有关。半导体领域正逐渐进入产业聚合体发展阶段，这是一种创新型协同模式，即在新兴产业的发展过程中，通过产业链、供应链、技术链、人才链、资金链等的深度融合，打造一个由企业牵头，众多合作企业协同发展的利益联合体。

台积电曾经与飞利浦进行技术合作，奠定了台积电前期的发展基础；与苹果公司共同开发和生产智能手机 iPhone；和联发科、英伟达等企业合作。在这个过程中，一个以台积电为核心的台积电产业联合体逐渐形成。

随着创新型协同模式的不断发展，"整厂输出"将成为未来晶圆制造厂商新建产能、扩大规模的首选方式。投资银行摩根大通的分析报告显示，台积电的营收将在 2025 年突破 1000 亿美元大关，这将进一步增强台积电在融资中的议价能力。

台积电在国外实施的新建工厂计划也是"整厂输出"模式的具体应用，该模式对台积电营收增长的积极作用将在几年之后显现。如果台积电 2025 年的年营收能达到 1000 亿美元，那么"整厂输出"模式将为其持续融资和未来的发展提供相对坚实的支撑。

第二，市场方面。市场方面的协同效应是指利用销售渠道、客户、营销手段等方面的相互促进作用，使新产品在原有产品的带领下打入市场，并让新产品为原有产品开拓新市场。原有产品和市场的示范作用及新产品的开拓作用可以在一定程度上降低营销费用。

第三，管理方面。管理方面的协同效应是指管理的标准、方法、手段及风格比较一致，从而减少管理人员熟悉新产品、新业务、新技术、新信息所需耗费的时间和精力，提升管理效率。

实施多元化经营策略的企业如果能够有效利用协同效应，那么不仅可以降低成本，还能降低风险，有利于完善企业内部结构。

13.2.3　盲目的后果是走向失败

实施多元化经营策略失败的案例比较多。多元化经营策略本身没有问题，但不顾自身条件，盲目实施多元化经营策略，试图过度多元化，就有可能给企业带来毁灭性打击。

企业在决定是否实施多元化经营策略时，需要解决先做大还是先做强的问题。有些企业急功近利、扩张过度，导致最后走向失败。

例如，三九集团最初只是一家资产不到 500 万元的企业，在赵新先的带领下，三九集团的产品曾经风靡全国，拥有多家上市企业和直属企业。赵新先试图建立一个中国的"通用电气"，却在草率扩张的多元化经营道路上栽了一个大跟头。三九集团从一家单纯的制药企业在短短几年的时间里变成一个涉及商业、农业、酒业、媒体、房产、餐饮、汽车产业的"庞然大物"，并欠下巨额银行贷款，陷入财务危机。后来，三九集团并入华润集团。

企业就像一个庞大的生态系统，采购、生产、销售、仓储、物流、经销等环节构成了一个循环链。企业经营的产品越多，越不容易管控，还会占用更多资源，且无法保证产品品质。因此，企业不能片面地认为多元化经营只有好处。

实际案例告诉我们，在激烈的市场竞争中，不遵循规律、盲目实施多元化经营策略会使企业不能抵御市场风险。盲目实施多元化经营策略可能给企业带来的 3 类风险如图 13-1 所示。

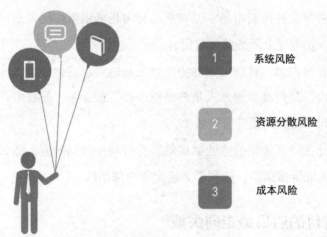

1 系统风险

2 资源分散风险

3 成本风险

图 13-1　盲目实施多元化经营策略可能给企业带来的 3 类风险

1．系统风险

实施多元化经营策略意味着企业有多种多样的产品，不同产品的生产工艺、技术开发及营销手段等各不相同。因此，企业在实施多元化经营策略后，生产人员、技术人员、营销人员等都需要重新熟悉新的工作领域，掌握新的业务知识。

随着多元化经营策略的不断深入，企业内部原有的分工、协作、职责及利益平衡机制都会被打破。这样一来，企业管理的难度升高，如果资源重新配置工作没有做好，企业的竞争力就很可能会减弱。

2．资源分散风险

大多数企业的资源都是有限的，如果产品品类增多，那么企业的生产经营单位就会分散，相应地，资源也会更加分散。在这种情况下，企业的主营业务及原有的核心产品很容易受到影响，甚至会导致企业被竞争对手赶超。

3．成本风险

成本风险即代价风险。实施多元化经营策略是有成本的，如果企业斥巨资进入一个新市场，而在新市场上产生了亏损，那么企业付出的代价不仅是在新市场上产生的亏损，还有当初进入新市场的成本。一些领导者因为相信"把鸡蛋放在不同的篮子里最安全"，所以通过实施多元化经营策略来降低经营风险。但是进一步考虑，每个放鸡蛋的篮子都是需要成本的，这就表示实施多元化经营策略不一定能降低经营风险。因此，企业对于是否实施多元化经营策略，需要进行综合考量。

13.3 融资战略创新设计

有些实力强大的企业不满足于传统的融资战略，便根据自身情况对其进行创新设计。例如，阿里巴巴制定了以兼并与收购为基础的扩张战略，朝着全球化市场进军；拼多多采取"站在巨人肩膀上"战略，巧妙借势；字节跳动挖掘纵深据点，向独角兽进击。创业者可以参考和借鉴这些企业的做法，制定适合自己企业的融资战略。

13.3.1 以兼并与收购为基础的扩张战略

美国著名经济学家乔治·斯蒂格勒说过："通过并购其他竞争对手成为巨型企业是现代企业成长的规律。"对资金实力雄厚的巨头企业来说，兼并与收购是实现扩张与提升市场占有率的一种战略。兼并与收购的优势如图13-2所示。

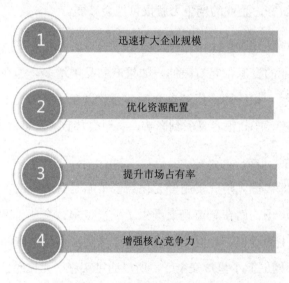

图 13-2　兼并与收购的优势

1999 年，阿里巴巴的创始团队筹集了 50 万元，在杭州创立了阿里巴巴。该团队中不乏优秀人才，如蔡崇信就非常有能力，他曾任一家投资企业的中国区副总裁。

在创立之初，虽然阿里巴巴的规模非常小，但实力不容小觑。一段时间后，阿里巴巴的资金枯竭，创始团队便开始频繁接触投资者，但他们依然坚持着宁缺毋滥的原则。对此，创始团队表示，他们希望阿里巴巴的投资者不仅能为阿里巴巴提供资金，还能提供更多资源。

在蔡崇信的引荐下，创始团队与高盛等投资银行进行接触。以高盛为主的一批投资银行决定向阿里巴巴投资，这笔天使投资让阿里巴巴暂时渡过了难关。随后,更多投资者注意到了阿里巴巴。

2004 年,阿里巴巴成为行业龙头,并获得软银的投资。人们以为阿里巴巴会上市,但其创始团队认为上市的最佳时机尚未到来,他们将完善阿里巴巴、提高客户服务水平作为工作的重点,因为这些工作比上市更重要。

2005 年,阿里巴巴收购雅虎中国,同时获得雅虎 10 亿美元投资。人们认为阿里巴巴收购雅虎中国的目的是为上市做准备,然而,阿里巴巴再一次否定了人们的猜测。阿里巴巴想成为一个百年的大型企业,而当时还比较年轻,如果贸然上市,就可能会付出代价。此外,阿里巴巴还考虑到当时自己的业务不够成熟,仍有广阔的发展空间,而且存在一定的危机和挑战。

2006 年,阿里巴巴收购了口碑网。

2007 年,阿里巴巴的市场占有率越来越高,信息流、物流、资金流都有了很大发展。为了在电子商务领域获得长远的发展,阿里巴巴决定上市。此次上市也拉开了阿里巴巴在全球范围内扩张的序幕,进一步巩固了其产业链。

2009 年,阿里巴巴收购中国万网 85% 的股权。自此,阿里巴巴开始涉足域名、主机服务、网站建设、网络营销等领域。

2010 年,阿里巴巴收购汇通快递 70% 的股权,正式涉足物流领域。

2013 年,阿里巴巴收购虾米音乐、新浪微博 18% 的股权,以及天弘基金 51% 的股权。

2014 年,阿里巴巴收购中信 21 世纪 54.33% 的股权,同时全面收购高德。

2018 年,阿里巴巴全资收购中天微,之后还收购了饿了么。

2019 年,阿里巴巴收购以色列企业 Infinity AR,以及英国跨境支付企业 WorldFirst。

2020 年,阿里巴巴收购 SaaS 服务提供商客如云、第三方电商物流企业心怡科技及智慧餐饮服务商美味不用等。

通过阿里巴巴的发展历程可以发现,其对兼并与收购模式的运用可谓炉火纯青。这样一条漫长的扩张道路使如今的阿里巴巴成为我国名副其实、规模最大的电商企业。可以预见,阿里巴巴将在这条扩张道路上继续前进,并积极进军全球市场。

13.3.2 "站在巨人肩膀上"战略：巧妙借势

新创立的企业有什么办法可以在短时间内与巨头企业竞争并成功上市？拼多多给出了一个可借鉴的答案。

2018 年 7 月，拼多多在上海和纽约两地同时敲钟，以股票代码"PDD"在美国纳斯达克上市；2018 年 9 月，拼多多的创始人黄峥的身价达到 155.38 亿美元；2018 年 10 月，在胡润百富榜中，黄峥以个人财富 950 亿美元位列第 13。

拼多多从 2015 年 9 月创立到上市，只用了短短 34 个月的时间。拼多多为什么能快速会聚数亿个用户和百万个卖家，实现数千亿元的产品交易规模和数百亿美元的资本估值，成为一家与阿里巴巴、腾讯、百度、京东、网易等互联网巨头企业并驾齐驱的企业呢？原因不仅在于黄峥拥有企业家的优秀特质，以及投资者赞赏的低调、谦逊、自律、本分与淡泊名利的高境界，还在于拼多多采取的独特的"站在巨人肩膀上"战略。

1. "站在巨人肩膀上"获得资本

对拼多多来说，最重要的投资者是腾讯。早在 2016 年，腾讯就开始投资拼多多；2018 年，腾讯又对拼多多进行了投资。可以说，腾讯不仅给予拼多多大量的资本，还为拼多多引来巨大的流量。

拼多多创立之初的投资来源于互联网巨头企业网易的创始人丁磊。丁磊不仅为黄峥投入了初期重要的资金，还为黄峥引荐了重要的投资者段永平。拼多多的一位核心的早期投资者就是段永平，他是 OPPO、vivo 及游戏机小霸王的创始人。段永平不仅具有顶级的战略眼光，还有着顶级的人脉。在没用过拼多多之前，段永平就引荐黄峥跟着巴菲特一起吃午餐。段永平曾经评价黄峥："我还没用过拼多多，但我对黄峥有很高的信任度。给他 10 年时间，大家会看到他厉害的地方。"像段永平这种给予资金、人脉、信任的投资者很难得。

拼多多还与对电商业务非常有帮助的两位投资者合作：一位是顺丰速运的创始人王卫（2015 年 8 月，在拼多多的 A 轮融资中投资上百万美元，并为拼多多不可缺少的电商物流提供合作支持），另外一位是"淘宝之父"孙彤宇（为拼多多提供资金和宝贵的电商经验）。

还有很多强大的投资机构在背后支持拼多多和黄峥。例如，高瓴资本的张震曾经用 15 分钟的时间便敲定对拼多多的巨额投资，张震在接受媒体采访时表示："我们的原则就是坚定地信任黄峥。"

拼多多能以这么快的速度上市，得益于"巨人"给予的资金、资源、人脉等的支持。拼多多的发展是一直"站在巨人肩膀上"的。

2. "站在巨人肩膀上"获得流量基础

拼多多所在的电商市场竞争非常激烈，电商赛道上的大型平台有阿里巴巴和京东，垂直电商领域有唯品会、网易严选等。那么，拼多多为何创立不到 3 年就能迅速拓展市场，颠覆电商行业的格局？其中一个重要原因就是拼多多"站在巨人肩膀上"，这个"巨人"就是腾讯。

腾讯是拼多多的第二大股东，不仅给予拼多多巨大的资金支持，还给予拼多多流量、技术、支付方式等宝贵的发展资源。

拼多多发展模式的本质是"社交+拼团"，其社交模式由微信提供流量入口和庞大的流量池，以快速奠定基础；其拼团模式所必备的支付工具也可以通过微信轻松解决。拼多多借助腾讯的流量，吸引更多人加入网购，通过拼手气、砍价等方式吸引用户将活动分享至微信群、朋友圈。这一方面能够增加用户的黏性；另一方面能够提高交易频率，快速建立新的生态圈。

拼多多能快速增长的重要原因就是"站在巨人肩膀上"，基于腾讯给予的流量和技术支持，并结合其独特的商业模式，拼多多在电商赛道上飞驰。

3. "站在巨人肩膀上"创新商业模式

黄峥曾经在给股东写的信中说："拼多多建立并推广了全新的购物理念和体验——'拼'。拼多多做的永远是匹配，将好的东西以优惠的价格匹配给适合的人。"

"拼"的确是拼多多最具创新性的商业模式，但是这个模式也是"站在巨人肩膀上"发展起来的。"拼"既是拼团，又是拼价：拼团建立在成熟的社交商业模式基础上，如腾讯的微信社交；拼价建立在成熟的电商模式基础上，如顺丰速运的物流、相对成熟的电商政策，以及我国强大的制造业。

事实上，黄峥的战略不仅是"站在巨人肩膀上"，还有通过不断创新充分利用"站在巨人肩膀上"的成熟商业模式。例如，黄峥推崇今日头条的信息流模式，认为拼多多就是将今日头条下的信息流换成产品流；打造分众化的 Costco，核心是"精选+低价"等。

在拼多多招股书的致股东信中，黄峥还提出了一个更大胆的想法：拼多多将成为 Costco 和迪士尼的结合体（融高性价比产品和娱乐为一体）。对此，黄峥解释为"它将是一个由分布式智能代理网络（而非时下流行的集中式超级大脑型人工智能系统）驱动的'Costco'和'迪士尼'的结合体"。

黄峥通过"站在巨人肩膀上"的商业模式不断强化拼多多特有的优势，使拼多多能快速颠覆行业格局。他非常清晰地看到了实现商业模式的用户土壤，并且一再强调："平心而论，做拼多多这个东西一大半靠运气，不是靠一个团队单纯的努力与经验就能搞出来的，这源于深层次的底层力量的推动。我们是上面开花的人，你做什么都会有爆炸式的增长，这是大势推动的，单凭个人和一个小团队的力量是绝对做不到的。"

拼多多的核心目标用户是中小城市、县城、乡镇与农村的数亿人，它创造性地采用"拼"这个有趣的互动方式吸引用户拼团、砍价，从而使用户购买性价比更高的产品。

通过对拼多多快速上市的原因进行分析，我们可以看到拼多多的成功有其必然性。而拼多多"站在巨人肩膀上"获得资金、流量、商业模式及大量商家的战略，值得创新型企业和创业者借鉴。

13.3.3 挖掘纵深据点，向独角兽进击

独角兽作为独具特色、规模比较大的企业，带来了新生态、新经济和新资本市场。独角兽这个概念最早由美国著名投资者艾琳·李提出，是指全球创立不超过 10 年但估值超过 10 亿美元的未上市企业。

随着时代的发展，独角兽的数量已经逐渐成为衡量一个国家和地区经济

活跃程度的重要指标。此外，独角兽也获得了资本的追捧，可以引领行业新趋势，快速超越老牌互联网企业，这主要得益于其自身所特有的纵深据点和纵深战略。独角兽战略模式如图 13-3 所示。

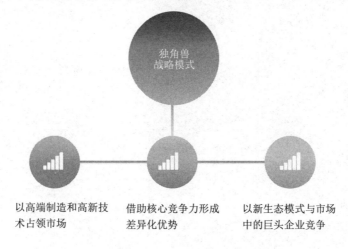

以高端制造和高新技术占领市场　　借助核心竞争力形成差异化优势　　以新生态模式与市场中的巨头企业竞争

图 13-3　独角兽战略模式

我们通过分析字节跳动的发展之路可以看出，其使用纵深据点战略快速孵化独角兽和潜力独角兽。字节跳动创立于 2012 年 3 月，是最早把人工智能大规模应用于内容分发的企业之一。可以说，人工智能是字节跳动的核心据点。

2015 年，字节跳动确立纵深据点新技术，并进行全球化布局；2016 年，字节跳动建立人工智能实验室，致力于针对人工智能相关领域的长期性和开放性问题进行探索，实现自己对未来发展的构想，进一步巩固自己建立的纵深据点。

随后，字节跳动基于新技术据点建立了"App 工厂"，在图文、视频、问答、图片等领域连续发力，产品矩阵包括今日头条、抖音、西瓜视频等。

字节跳动基于人工智能建立的短视频平台抖音，注册用户早已超过 1 亿个；字节跳动基于数据挖掘技术建立的个性化推荐引擎平台今日头条，为用户智能推荐个性化信息，开创了一种全新的新闻阅读模式，获得了非常不错的发展。

　　凭借纵深据点、产品矩阵及技术"出海"的全球发展战略，字节跳动成为独角兽，其业务已经覆盖超过 150 个国家和地区。此外，字节跳动在生态模式、与巨头企业竞争等方面也采取了独角兽战略。

第14章

融资后的市值创造与突破

对企业来说，进行市值创造与突破是业务运转的首要目标。为了提高市值，企业需要从战略体系、业务体系、管理体系、资本体系 4 个方面入手，使自己拥有巨大的价值。

14.1 完善战略体系

战略体系的完善是企业对自身发展有着全面、合理认知的表现，企业需要明晰自身在市场中的定位，以厘清经营发展的优势与劣势，进一步制订科学、高效的发展规划，增强企业的核心竞争力。

不同企业的生产规模、经营范围不同，发展方向与生产结构也不尽相同，因此企业需要结合自身的实际情况，灵活地完善战略体系，进行富有层次、有所侧重的战略规划。要完善战略体系，企业可以从明确未来 3～5 年的战略、设立以市值为导向的发展目标这两个方面入手。

14.1.1 明确未来 3～5 年的战略

企业在完善企业的战略体系时，不能拘泥于某些特定目标的静态或短期计划，而应着眼于打造一个动态的、系统的战略体系，从整体层面对企业的资源进行合理、科学的配置。

在实际操作中，企业可以制定未来 3～5 年的战略，明确企业发展的目标、使命与愿景。企业应将短期的经营目标与长期的发展目标有机结合起来，并在发展过程中关注市场动向的变化及企业发展态势的变化，对设定的战略与目标中偏离实际的地方及时进行修正，始终保持战略的引导性与先进性。

14.1.2 设立以市值为导向的发展目标

在企业成功上市后，市值就成为其最关键的金融资源。市值不仅关乎股东的财富价值，还与企业未来发展过程中的融资成本和抵御风险的能力息息相关。市值也是市场对企业未来溢价的评估，企业的一切管理成果、经营决策等都将由市值反映出来。只有实现优秀的市值管理，设立以市值为导向的发展目标，才能管理好企业的市值，使企业实现可持续发展。

（1）设立以市值为导向的发展目标能够使企业形成系统性的管理思维。市值管理需要面对波动剧烈的资本市场，因此市值管理是一项系统性、科学性的体系化工程，而非对股价的应急性操控。

开展市值管理，企业需要辩证地观察市场的动态形势，对反周期等市场理论进行灵活运用，在动态变化的资本市场中实现"低买"与"高卖"，从而提高企业的市值。企业必须将提高市值提升到企业战略的高度，进行系统化的考量，根据实际情况进行相应的市场操作。

（2）设立以市值为导向的发展目标能够改善企业的治理结构。企业的治理结构是以企业的各项规章制度为依据而形成的关系合约，是对企业不同层次的各利益主体之间关系的规范，能够在各利益主体之间形成激励、控制与权力制衡并存的机制。

在资本市场中，市场的变化激烈且难以捉摸，企业的损失与收益的边界十分模糊，往往只在一线之间，并且，现代企业通常采取委托代理的经营发展模式，波动剧烈的市场使得这一发展模式为企业带来的风险不断升高。

由于企业委托代理的经理人往往不具有企业财产的所有权，因此其收益目标与股东的收益目标不尽相同。如果企业的治理结构存在漏洞，缺乏科学、高效的权力制衡机制，经理人注重短期效益的市值管理行为就会偏离股东利益，也会偏离企业以市值为导向的发展目标。

因此，以提高市值为发展目标能够在深层次推动企业改善其治理结构，使经理人与股东的偏好、利益协调一致，实现良性互动。

（3）设立以市值为导向的发展目标能够推动企业的转型升级。在传统意义上，净资产是衡量企业经营水平的重要标准，这导致企业对资本市场中的投资与重组等的重视度较低，难以形成较强的转型跨越与升级的意识。

将提高市值设定为发展目标后，市值将成为企业经营绩效与实力的衡量标准，企业也会更加重视自身的长期升值，这将进一步推动企业通过重组等方式来实现产业转型跨越与升级，并不断增强自身的核心竞争力。

（4）设立以市值为导向的发展目标能够更好地促进企业由靠资源拉动经济发展转向依靠新兴产业、金融资源、资本与技术等因素来支撑经济发展，形成更加多元化的产业发展模式。

（5）设立以市值为导向的发展目标能够使企业的风险管理水平得到提升。作为资本市场运行中的交易主体，企业的经营发展过程通常会受到部分风险的干扰，当发生损害企业市场信誉的突发事件时，企业将会受到公众的质疑，导致企业的股价大幅度下跌，使市值大面积蒸发，这将会在极大程度上降低企业前期进行市值管理的成效，还会对企业的正常运营产生消极影响。

因此，为了实现以市值为导向的发展目标，企业需要具备强烈的风险防范意识，制定各类风险的紧急应急预案；当重大决策问题出现失误时，企业的核心管理人员要逐级问责，尽快解决风险问题。

此外，企业还需要建立并保持与相关监管部门、地方政府部门的交流渠道，当出现相关问题时，能够及时获悉准确情况并及时整改。对于投诉与举报问题，企业要与相关利益个体积极进行协商，勇于承担责任，使问题及时地得到解决。在问题得到解决后，企业需要通过及时的信息披露进行澄清，消除负面新闻对企业的不利影响，避免投资者对企业产生误解。企业必须对自身的信誉进行维护，在必要时可以利用法律武器进行维权。

14.2 完善业务体系

业务体系是企业经营管理的重要内容，完善业务体系有助于企业由销售驱动转向客户的口碑与价值驱动，使业务体系的运营与企业的经营管理有机结合起来，并帮助企业增强向外拓展更多业务的能力。

14.2.1 集中资源，重点经营核心业务

在企业的日常经营管理过程中，业务是经常被提及的词语。企业的现金流、客户、利润与销售额等核心财务指标都与业务息息相关。发展好业务并完善业务体系是企业发展人力、组织等内容的重要依托，也是企业创造价值的重要基础。完善业务体系的关键在于集中资源，重点经营核心业务。

企业的资源是有限的，对有限的资源进行科学、高效的配置，实现资源的最大化利用，是开展企业管理的核心思想。在业务管理领域，企业同样需要集中有限的资源，重点经营核心业务。

当企业拥有多种业务时，需要对核心业务与补充性业务进行区分。对于核心业务，企业应当集中资源，持续发力。但是，企业不能忽视补充性业务，需要判断该业务对核心业务能够起到何种作用、确定对该业务来说高性价比的经营方式是自营还是合作等。此外，企业还需要辨别出业务体系中存在的边缘性业务，当此类业务不能为企业带来利润的增长时，适时地将其取消。

企业对不同业务类型的辨别可以从客户视角展开，若某种业务是依赖市场红利而形成的机会型业务，当市场红利消失时，则这种业务的利润也会随之消失。对客户来说，这种业务不能够为其带来额外的价值与增值服务，不能体现出企业的独特价值。

因此，企业需要不断增强其核心能力，在其擅长的领域内不断积累优势，为客户提供独特的价值，保持对客户的持续吸引力。围绕核心业务，企业要不断集中资源，建立起市场竞争优势。

14.2.2　围绕核心业务寻找潜在的增长机会

业务增长的关键在于企业经营的观念。在业务经营领域，企业要树立正确的业务增长观念，围绕核心业务不断向外拓展，寻找潜在的增长机会。在寻找潜在的增长机会的过程中，企业要将实现业务增长作为一种经营思维，使发展业务的激情成为企业的经营观念与核心。

潜在的增长机会能够为企业核心业务的成长提供最大的可能性。要寻找潜在的增长机会，企业就需要牢牢把握住当前已经掌握的机会，充分发挥在熟悉的领域中的优势，实现优势的最大化利用；对增长机会进行实时判断，果断放弃原来能够实现增长而现在已经丧失增长能力的机会，不在这类机会上耗费过多资源；对机会背后潜藏的风险进行正确评估，不断抓住新的增长机会。

自然增长与抢占市场先机是寻找市场中潜在的增长机会的主线。在相对成熟的行业中，企业需要通过二次竞争不断探索自身独特的优势，以便在市场的不断重新洗牌中占据领先地位及把握增长机会。

要寻找市场中潜在的增长机会，企业可以利用如图 14-1 所示的 3 种方式。

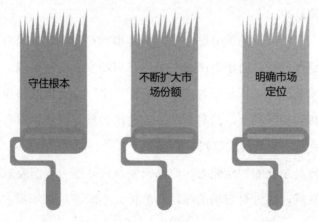

图 14-1　寻找市场中潜在的增长机会的 3 种方式

1. 守住根本

通常情况下，企业在其核心业务所处的行业中都具有较强的市场竞争力，占据较大的市场份额。当企业在行业中具有较大优势时，往往能够及时捕捉到行业中新增的增长机会，并且领军企业往往具有较大的行业话语权，能够最大限度地利用行业中新增的增长机会。因此，为了保持优势，企业需要不断通过技术创新保证其核心业务的成长性，成为行业中的领跑者。

例如，凭借先进的创新性技术、优质的产品配套服务、全方位的解决方案，惠普推出的产品一直广受全世界消费者的青睐，特别是在打印机领域，惠普展现出强大的市场领先能力。惠普在打印机领域深耕多年，一直占据业界领先地位，在年平均出货量、市场份额、产品覆盖率、专利数量等方面，都有着突出的表现。通过技术创新，保持核心业务的成长性，是惠普在市场上始终保持领先地位的关键因素。

2. 不断扩大市场份额

通常情况下，在市场中获得需求就等于获得利润。不断扩大市场份额，满足市场中的大多数需求，不仅能实现企业利润的增加、加快企业发展的速度，还能使企业对市场中新增的增长机会更加敏锐，从而得到更多的发展机会。

要不断扩大市场份额，企业可以从以下 3 个方面入手。

（1）品牌延伸。

创新是企业拓展市场的最好办法，新鲜事物对消费者来说有着天然的吸引力，企业通过创新打造出新产品，可以在市场中创造新需求。企业还可以在原有品牌的基础上进行延伸与扩张，这样一来，企业就能将原有品牌的资产与资源转移到新产品上，同时新产品创造出的新需求能使原有品牌的寿命得到延长、企业的市场份额得到扩大。

品牌延伸对企业的创新能力、产品研发与设计能力提出要求，企业必须以创新驱动发展，通过对市场的跟踪与分析，不断满足市场需求、创造市场需求。

（2）SWOT 分析。

当前，企业的内外部竞争都十分激烈，竞争条件也复杂多样，能够对与企业密切相关的各种内在优势、劣势，以及外在的机会、威胁进行分析的 SWOT

分析成为企业在此竞争态势下的重要分析工具。

　　SWOT 分析通常先用调查列举的方式获取分析所用的数据，再通过系统化的分析方法得出所需结论，为企业的科学决策提供理论支撑。企业通过 SWOT 分析得出的更加科学的决策方案能够为企业扩大市场份额的战略行动提供方向上的指导，从而使企业更好地拓展市场。

　　（3）及时进行市场评估与营销。

　　作为市场交易的主体，企业的行为都是在不断变化的市场中完成的，企业提供的产品与服务也应当与市场需求紧密结合。因此，企业要着重关注市场的各种变化，根据市场的变化及时改进自身的战略与决策，使企业的发展能够适应市场中消费需求的变化。

　　市场评估是企业研判市场变化的工具之一。积极开展市场评估可以保证企业战略的先进性，以便使企业更好地匹配市场需求。市场营销是企业针对市场变化采取的应对措施。为了更好地满足市场需求，企业可以依据对消费者的消费需求、消费行为、消费心理的探究，及时更新营销手段。当企业及时做好市场评估与营销时，其扩大市场份额的目标就能顺利实现。

3．明确市场定位

　　明确市场定位能够帮助企业打造特有的企业形象，使其在市场中脱颖而出，吸引更多的消费者。明确市场定位能够帮助企业迅速抢占细分领域的消费市场，使企业能够更好地满足细分领域消费者的需求。在明确自身的市场定位后，企业能够更好地集中资源，从而形成独特的市场竞争优势，增强企业的竞争力。明确市场定位还能够使企业专精、专研，在其擅长的领域中更好地挖掘新的业务增长点，实现核心业务增长。

　　在明确市场地位后，企业能够深耕于某一领域，在这一领域中获得更大的话语权，并在出现增长机会的地方及时站出来，引领整个行业的增长。

14.3 完善管理体系

价值创造需要企业从上到下团结一心来完成，完善的管理体系是企业进行价值创造的重要基础。企业的管理体系不完善会导致企业承受诸多不必要的损失。企业的管理体系混乱，部门之间权责不清、配合不当，都会降低企业内部的工作效率。企业要避免这些问题，就要完善管理体系。

14.3.1 建立垂直型、平台型组织

垂直型组织是企业管理体系中最基础、最简单的组织形态。其特点在于企业各业务部门从上到下推行垂直领导模式，从企业整体来看呈现金字塔式管理结构。在垂直型组织中，各业务部门只接受一位上级的领导，该上级对其所属部门的一切事务负责。垂直型组织的优点在于命令统一、权责分明、结构清晰。

平台型组织是移动互联时代中企业的新型组织形态。这一组织形态是企业为了应对日益增多的高端人才对自主管理的需求、激烈的市场竞争与高度复杂化的市场需求，通过运用数字化治理技术，将灵活、敏捷的应变优势与规模化的专业资源进行聚集而打造的开放型组织形态。

在发展过程中，平台型组织逐渐形成以平台治理中枢、前台业务先锋与中台资源洼地为主要架构的组织模式，使企业能够更好地实现对市场的柔性应变与企业内外部的资源聚集。

在平台型组织中，平台治理中枢负责明确平台存在的目标与意义、协调前台与中台各业务部门之间的运营；前台业务先锋负责满足客户的需求与应对市场竞争；中台资源洼地负责对企业内外部的各类资源进行聚集，并提供技术性的整合服务，不断扩大企业的资源池。

为了完善管理体系，企业需要根据自身的实际情况，结合垂直型、平台型组织的优点，打造符合自身特色的组织形态。

总的来说，企业在完善管理体系的过程中要注重贯彻以客户为中心的理

念、不断盘活并扩大企业的资源池，使企业能够建立起稳定、有序的管理体系，形成独特的市场竞争力。

14.3.2　重视企业文化及服务能力

在当代企业的竞争中，品牌竞争是重中之重，而品牌竞争的核心在于各企业通过重点建设企业文化与增强服务能力来塑造优质的品牌形象。

建设企业文化需要得到各业务部门负责人的充分重视。领导者的价值标准、理念与追求对整个企业的文化取向有着极大的影响。只有领导者对建设企业文化高度重视，并在组织上给予支持与认同，才能更好地营造建设企业文化的氛围，增强企业内部的精神动力与凝聚力。

建设企业文化需要各部门员工积极创新。在企业的号召与领导者的鼓励下，各部门员工要坚持贯彻"边建设、边传播"的理念，实现由"知"到"行"的转变，从被动接受企业文化宣传到主动进行企业文化传播。

同时，企业需要结合企业文化建设，打造充满特色的服务品牌。企业需要依托优秀的地域文化与行业文化，结合企业自身的特色文化，不断吸收先进的文化元素，逐渐形成独具特色的服务体系、服务形象与服务内涵，树立起企业的服务品牌，并通过不断传播服务特色，培养员工的认同感、归属感，提升消费者的亲切感与忠诚度。

14.4　完善资本体系

完善资本体系是企业在资本市场中发展、扩张的前提。本节将从打造强大的资本平台、积极开展再融资等方面详述企业应如何完善资本体系，从而在资本市场中实现价值创造。

14.4.1　打造强大的资本平台

当企业发展到一定阶段或一定规模时，体量的增大势必导致企业财务系统的转型升级。并且，由于对外扩张的需要，企业需要打造更加强大的资本平台，才能使企业的发展道路更加顺畅，在当前的市场环境中立于不败之地。

依靠不同的资本平台，企业主要有 3 种资本运作形式。

第一，企业通过银行开展间接性融资。这种资本运作形式较为传统，它要求企业在平稳运行的基础上，安全、高效地发展优质投资项目，把握优质资源，以便为企业的后续发展留存充足的资源，打下良好的基础。

第二，企业在资本运作的过程中，通过使用各种数据化、智能化、信息化的技术与手段完善信息服务，打造完备的企业资产信息管理系统，以及能够使企业资产实现集中管理的平台。例如，上海电气、上汽集团等企业就通过这一手段打造了强大的资本平台。

第三，依托证券机构、财务型企业等资本平台，将企业的财务资本与金融资本进行融合，使企业能够最大限度地发挥各种金融工具的效用，为企业的发展与转型升级提供强大的支撑。

当前，企业正处于加速发展的黄金时期，这就对资本平台的水平提出要求，向着市场化、集团化、一体化稳步发展的企业需要更加强大的资本平台。同时，企业实力的增强将反作用于资本平台水平的提高，为资本平台的发展奠定基础。

企业之间的竞争离不开对高端人才的竞争，能否建立起先进的人才队伍，对企业能否打造强大的资本平台来说至关重要。

为了建立起先进的金融人才队伍，企业需要通过各种方式招聘与金融相关专业的高端人才，如校园招聘、网络招聘等。作为最简单的人才招聘方式，公开招聘虽然存在一些弊端（如难以保证人才质量等），但也是一种最直接、有效的方式。

企业还能通过与国内外的各大高校、机构合作，对高端金融人才进行有计划的培养，尤其是培养一批企业的核心管理人员，并不断通过培训、考核、评估等手段对人才质量进行把控，确保人才队伍的先进性。

此外，企业还能够引入金融业的专家、先进企业的高层管理人员等具有丰富金融管理经验的高级人才，为企业资本平台的打造提供意见与建议，并为企业的科学决策提供可以参考的经验，使企业能够通过外部知识力量的支撑来缓解内部的人才压力。

在着力于打造强大的资本平台的过程中，企业不仅要时刻注意发展机遇，利用自身独特的优势及时抓住机遇、勇于迎接挑战，以便实现快速发展，还需要谨慎应对市场中的变化，时刻防范风险，同时制定应对风险的商业对策并做好心理准备。

当前，大部分企业对资本市场的认识还不够深入，在对资本平台进行探索的过程中，往往面临着较高的风险。危机的存在也意味着其背后潜藏着巨大的利益，企业需要不断完善自身人才队伍的建设及对相关风险控制的机制，做到在问题出现时能够及时解决。企业需要在投资中把握机遇、在面对风险时积极应对，以便将风险转化为发展的机会。

14.4.2　积极开展再融资

再融资是企业扩大规模、实施多元化经营策略的常见方法。这种方法不仅能让资源得到充分利用、降低生产成本，还能有效扩大企业的经营范围，从而分散经营风险。企业需要将工作重点放在再融资上，使其推动企业效益的增长。

再融资是指企业通过发行可转换债券、增发、配股等方式，在证券市场中直接进行融资。再融资是推动企业进一步发展的重要因素，这一因素也越来越受到企业与相关部门的重视。对处于起步期的企业来说，再融资可以解决前期发展过程中现金流不足的问题；对处于急剧扩张期的企业来说，再融资可以减少快速发展对资本和资源的依赖；对处于稳步前进期的企业来说，再融资有助于加强经营、管理等工作。

在当前市场中，大部分企业开展再融资的过程往往存在一些问题，具体有如下几个。

（1）融资途径较为单一，主要为股权融资。

当企业进行再融资以筹集发展资金时，往往会考虑融资金额、融资门槛、融资难易程度等因素，综合来看，股权融资就成为企业进行再融资的首选途径。

我国大部分企业的股权结构都较为特殊，其中不流通的法人股能够占据60%以上的比例，在此基础上，股权融资能够对改善企业的股权结构起到一定的作用。然而，以股权融资为主的单一融资途径忽视了不同企业之间在资本结构方面存在的差异，与财务管理中的最优资金结构这一融资原则不符。

（2）融资金额超过对资金的实际需求。

大部分企业在进行再融资时，往往会按照相关政策规定的金额上限进行融资，而非按照对资金的实际需求对融资金额进行测定。当企业将尽可能多地筹集资金作为再融资的目标时，其所筹集到的资金将会面临使用效率低下等问题。

（3）融资投向具有不确定性。

部分企业在进行再融资之前，不注重对投资项目的可行性进行分析，使得筹集到的资金的投向频繁变更，投资项目难以获得理想的收益。由于缺乏对投资项目的研究，企业在筹集到资金后很难按原计划投入资金，这将造成资金的闲置。然而，为了获得中短期的可见性回报，企业又会寻求委托型理财业务。在这样的发展情况下，再融资不仅不能促进企业的发展，还将造成资金冗余、闲置、使用低效、偏离融资目标等问题。

（4）缺乏严谨、完善的股利分配政策。

部分企业在进行再融资之前，并没有制定严谨、完善的股利分配政策，难以保证能为投资者带来稳定的投资回报，这将使投资者丧失对企业的信心，进而影响企业的长期发展。

再融资与市值是相互影响、循环互动的：在企业完成优质资产的整合和吸纳后，市值会得到提升，而市值提升又给再融资创造了新的条件，二者在循环互动中不断增强企业的竞争力。

反侵权盗版声明

电子工业出版社依法对本作品享有专有出版权。任何未经权利人书面许可，复制、销售或通过信息网络传播本作品的行为；歪曲、篡改、剽窃本作品的行为，均违反《中华人民共和国著作权法》，其行为人应承担相应的民事责任和行政责任，构成犯罪的，将被依法追究刑事责任。

为了维护市场秩序，保护权利人的合法权益，我社将依法查处和打击侵权盗版的单位和个人。欢迎社会各界人士积极举报侵权盗版行为，本社将奖励举报有功人员，并保证举报人的信息不被泄露。

举报电话：（010）88254396；（010）88258888

传　　真：（010）88254397

E-mail: dbqq@phei.com.cn

通信地址：北京市万寿路 173 信箱

　　　　　电子工业出版社总编办公室

邮　　编：100036